解读青春密码

中小学生家长必备

陈一筠　李黎红　主编

中国妇女出版社

图书在版编目（CIP）数据

解读青春密码 ：中小学生家长必备 / 陈一筠，李黎红主编. -- 北京 ：中国妇女出版社，2024.5
（“青苹果”家庭读书系列）
ISBN 978-7-5127-2372-6

Ⅰ.①解… Ⅱ.①陈… ②李… Ⅲ.①青春期－家庭教育 Ⅳ.①G782

中国国家版本馆CIP数据核字（2024）第068845号

责任编辑：陈经慧
封面设计：末末美书
责任印制：李志国

出版发行：中国妇女出版社
地　　址：北京市东城区史家胡同甲24号　　邮政编码：100010
电　　话：（010）65133160（发行部）　　65133161（邮购）
邮　　箱：zgfncbs@womenbooks.cn
法律顾问：北京市道可特律师事务所
经　　销：各地新华书店
印　　刷：小森印刷（北京）有限公司

开　　本：165mm×235mm　1/16
印　　张：12.25
字　　数：130千字
版　　次：2024年5月第1版　　2024年5月第1次印刷
定　　价：49.80元

编者的话

自 2022 年 1 月 1 日起施行的《中华人民共和国家庭教育促进法》明确规定了家庭要根据孩子的年龄和个性特点对其进行科学的教育指导。无疑，中小学生进入青春发育期，就是一个特殊的年龄段，此阶段的学生家长必须具有关于青春期教育的科学理念和基本知识，才能担当起教育者的重任。无论是青春期生理、心理、情感，还是行为、健康，都与性激素突增有关。因此，青春期家庭教育的一个重要内容就涉及对孩子进行性健康、性安全、性道德，以及性法规方面的科学指导。

这本写给中小学生家长的读物，就是跟各位家长谈谈青春期教育的若干问题的。

我们先来看一个案例。

一个女中学生怀孕了，她自己竟全然不知，父母毫无察觉，老师也没发现。后来，这个女生竟然在卧室里把孩子生了下来。惊慌之中，她扯断了婴儿的脐带，将其抛出窗外。这件事被媒体曝光，舆论一片哗然：一名中学生竟然不知自己身体的奥秘，不知道生命从何而来，更不知晓扼杀生命是犯罪。最后，这位少女不得不为她的杀婴之举承担刑事责任。然而，人们不禁要问：谁来为这个少女的无知、愚昧承担责任？是父母，还是老师？

得知此事件信息后，我们“青苹果”教育项目组成员与当地少年法庭的判案法官们进行了认真的讨论，得出了基本一致的看法。

第一，关于性与爱、生活、生命与人生的基本知识，作为社会人文科学的重要内容，应当在家庭和大、中、小学校正式传授，列入必修课程，指派专门的教师为家长和学生讲解。

第二，青春期教育中的性压力疏导、性行为指导和性安全保护，是对少男少女较为个性化并带有一定隐私性的个体生命关怀，主要应当由父母来尽责。每个进入青春期的孩子，其身心发育的早晚和发育程度因人而异，因此，在学校讲解了关于性健康的一般科学知识的基础上，父母还必须针对自己孩子的发育状况、行为举止中表现出的踌躇疑虑、接触网络信息的频繁程度、与异性交往的动向，甚至性冒险的迹象等，通过与孩子一对一、面对面、心对心的交谈，达到增进亲情、分享知识与信息、认同行为界限、明确安全要点和维护身心健康的目的。由于父母与孩子关系的亲密性和自然性，家庭环境的隐私性，父母与孩子在家中谈论性与爱等敏感问题更为适宜。如果父母觉得有些问题比较容易引起孩子神经紧张或情绪过敏，可以选择在与孩子一同休闲、散步、外出旅游或共同做家务时，不经意地引出话题，即使谈话进行不下去，双方也不会觉得尴尬，很容易转移话题。有些关于两性情感与性关系的话题，可以从影视或网络中得到的信息为切入点，与孩子共同讨论其中的人物或事件，不会让孩子感到在针对自己而难为情或逃避。

父母还可以坦诚地向孩子讲述自己年轻时的经历、经验和教训，让孩子加以评点。在这种民主与平等的家庭氛围中，孩子更容易轻松地表达自己的观点，谈出自己的感受与疑问。这样父母就可以从中了解到孩子的需求、困惑和问题了，而不必通过偷看手机、偷听电话之类的不文明之举窥探孩子的“秘密”。

众所周知，家庭作为第一所学校，父母是第一任老师，在涉及隐私性、个性化、针对性的青春期性与爱的教育方面，尤其如此。“青苹果”团队的专家们建议，把青春期教育作为中小学生家庭教育的“标配”。的确，家庭青春期健康教育，尤其是性健康教育的天然条件，是学校难以具备的。一个班主任，面对四五十名学生，他只能讲一般知识，很难针对每个学生的具体情况施教。张三所需要的信息，也许是李四不需要的；而李四所需要的知识，也许张三早就知道了。目前，部分学校已在尝试开展青春期性健康教育，但讲解的内容和方法都普遍落后于孩子们的现实需求，这就更加需要通过家庭进行青春期性与爱的教育去弥补。

第三，当今我国青少年的父母和老师，绝大多数不曾接受过青春期教育，当他们成为青春期孩子的领路人时，怎能不感到棘手和无所适从呢？

在《中华人民共和国家庭教育促进法》颁布后，国家开放大学已邀请了“青苹果”团队的一批专家，专门开设了“青春期教育指导师”证书班的专业培训课程，一年多来，已有上千名有志于从事青春期教育的教师和社会工作者参加了培训。他们学习后的任务是在学校和社区向学生和家长普及青春期教育知识，推进青春期教育的家校合作。我们期待青春期教育得到更多家长和老师的重视！

这本专为青少年的家长和老师们编写的《解读青春密码——中小学生家长必备》，是“青苹果”团队专家们多年来研究和实践的经验总结。但愿此书能成为家长和老师们的良师益友，对家庭和学校进行青春期教育有所帮助。

本书案例多为“青苹果”团队专家老师咨询过程中的真实案例改编，个别案例文字原始来源无法确认原作者而未做标注。若有原作者发现，请与本书作者联系，以便酌情处理。

编者

2024 年 2 月

CONTENTS
目 录

第3章 青春来临

第4章 青春期心理解密

第5章 呵护青春健康

第9章 珍爱生命

第10章 亲子关系

第 1 章

性和爱不神秘

就像人类的身体和大脑是与生俱来的一样，人的性潜质也是与生俱来的。虽然人生来就有性，但性的发育与成熟要经历一个过程。青春期的身体、生理、心理与行为变化，在很大程度上反映了性发育的状态。青春期是一个人从儿童期过渡到成年期的特殊成长阶段，青春期也是一个明确展示性别身份和两性之间性吸引的时期。少男少女的一系列生理现象、心理反应，以及情感、行为表现，随着青春期的到来而变得多种多样，值得家长和老师去认真解读，从而引领孩子走好青春期这段路，过好性健康与性安全这道关。

青少年需要获得性知识

让孩子从正当渠道获取性知识，做到这一点其实并不难。首先，有些学校现在已经把青春期教育引进课堂，虽然课堂上讲的知识比较粗浅，但这已经是一个很好的开端。有的学校为中学生开办了“少男课堂”“少女课堂”，聘请专业人员讲解性生理与性心理知识，已经收到了很好的效果。中学生可以通过正当渠道获得关于性的科学信息，尽早懂得自己的生理与心理发育特点，学会控制情绪与把握行为界限。其次，孩子们需要家长和老师指导，选择适合自己的课外读物和影视作品。我国每年出版的图书达数十万种，在这滔滔的书潮中，难免鱼龙混杂，尤其是有些不法书商，见利忘义，极力推销会吞噬人灵魂的“腐蚀剂”，这些都是明摆在中小学生面前的潜在危险。

家长和老师都应当告诉孩子们，不能在不良书刊中寻找性刺激。

如果发现孩子有这方面的倾向，应及时提醒，并鼓励和陪伴他们去参加一些有益于身心健康的文体活动，从而转移对这类信息的兴趣。

如今已是网络时代，帮助中小学生筛选出适合他们浏览的网站，也是家长们应尽的责任。有调查显示，对中学生性意识和性行为影响最大的因素是大众传媒，中学生获取这类知识的渠道 70% 以上来自网络媒体。目前，不少色情网站在巨大利益的驱动下，如毒瘤般隐藏在网络的各个角落，形成了以美国、荷兰、中国台湾等为基地的“网络红灯区”。家长有责任教导中小学生对网络保持高度警惕，自觉抵制色情网站；电子游戏机、网页上的色情画面，都是毒诱饵。拒绝色情垃圾，不是靠简单说教就能让孩子自觉做到的。实际上，中小学生如何远离、拒绝色情垃圾，是需要在学校和家庭教育实践中指导劝诫的。要通过教育让孩子明白，一个人只有认定了高远的人生目标，才可能抵制眼前那些危险的诱惑。这亦包含在家长和老师对孩子进行三观教育的艰巨任务中。在这里，我们必须强调，在对孩子进行青春期教育，在传授性知识、性观念和防范性侵害方面，家长应承担主要角色。

青春期是一个人从儿童期过渡到成年期的特殊成长阶段。基于当代青少年的发育状况，专家们把青春期的年龄段界定为 10 ～ 20 岁；他们还倾向于将青春期的年龄界限延伸到 22 岁。由于遗传因素和环境条件的差异，青春期只是一个年龄范围，没有标准年龄、正确年龄和恰当年龄之说。

一般来说，孩子成长到10岁以后，身体开始进入快速发育期，这说明性腺（即女孩的卵巢和男孩的睾丸）释放出的性激素在大量增加。正是这类性激素，决定了进入青春期的少男少女生殖器官的成熟和体型体貌的变化。青春期也是一个明确展示性别身份和促进两性之间性吸引的时期。少男少女的一系列生理现象、心理反应、情感变化、行为表现等，随着青春期的到来而变得多种多样，值得家长和老师去认真解读，从而引领孩子度过青春期，过好性健康这道关。

性与爱

一、人类的性

就像人类的身体和大脑是与生俱来的一样，人的性潜质也是与生俱来的。人类天赋的性，除了能够繁衍后代之外，还有表达爱情及享受快乐、增进健康的功能。随着社会的发展，性的繁衍功能大大降低，而表达爱情、享受快乐和增进健康的功能对现代人显得更加重要，这就使性科学成为人们追求幸福人生必备的基础知识。

从科学意义上说，人类的性具有生理层面、心理层面和社会文化层面的丰富含义。

虽然性是人类和其他动物都具有的本能之一，但人类的性行为与生殖行为却与动物有着本质不同。动物的交配与繁殖是纯粹的本能行为，人类的性欲满足却伴随着“爱”的亲密关系，人类的生儿育女更是一种有意识、有目的、有条件、有选择的行为。可以说，人类的性享受和生育行为都是文化现象，受人类的自主意识和文明社会的规范主导。因此，在讨论人类的性潜能时，就需要有科学的知识与正确的观念，全面了解性的多个层面，以便弄清什么是科学的性观念、健康的性行为和负责任的性抉择。

二、人类伴侣之爱

人类伴侣之爱不仅是一种感情和关系，还是一种责任。它与本能的性冲动所驱使的性关系不同，也有别于“坠入情网”的短暂激情体验。伴侣之爱是人的重要潜能展示，是彼此相悦相依的高尚感情和持久关系，是人性美好的体现，是创造生命的动力，是抚育生命的保证，是人生幸福的源泉。

美国心理学家弗洛姆认为，人类两性之爱应包含以下几个要素。

第一，给予。给予是人的潜能的最高表达方式，是相互的，是快乐的。

第二，关心。它是爱的表现形式，无关心的爱是不完整的。

第三，责任。有高度的责任感，为爱的关系敢于承担久远的责任。

第四，尊重。充分地尊重所爱者，绝不强加于人，或为自己的需要而强迫对方改变；在分歧面前求同存异。

第五，理解。设身处地为对方着想。理解是尊重与责任的基础，能够理解，才能与对方交流与沟通，从而深化爱的关系。

总之，人类伴侣之爱不是本能欲望的自然发泄与满足，而是经由人的意志力选择而表现出的负责任的行为。

性健康教育

一、什么是性健康教育

性健康教育的内涵有狭义和广义之分。狭义的性健康教育是指传播关于性生理、性心理，维护性安全、健康，以及预防性疾病等方面的知识；广义的性健康教育还包括传授关于性的社会文化内涵，如性别意识、性别社会化与性别平等，教导关于爱情、择偶、婚前准备与婚姻调适，以及家庭生活等全面而系统的人生科学知识。性健康教育不仅是针对青少年的，中老年人也需要性健康教育。尤其在我国，性知识的科学传播途径较少，人们充满了对性的误解与偏见，因此成年人补上性健康教育的课是十分必要的。而对青少年进行性健康教育，既是当务之急，又具有长远意义。受过性健康教育的一代人长大后，不仅自己能以科学的态度对待性，而且能够给下一代传授性科学知识，为他们的恋爱、婚姻与家庭生活提供指导。

二、为什么需要性健康教育

性，关系到个人身心健康、爱情美好、婚姻幸福、家庭稳定，乃至社会和谐。在科学与信息更为发达的21世纪，学习性科学知识并运用于自己的生活，是每个人的需求和权利。

通过性知识与性价值观念的正确传授而保护青少年一代的性健康与生殖健康，不仅关系到他们未来的婚姻幸福、家庭成员的健康，还会影响到家庭和谐、社会文明、人口素质、民族兴旺乃至国家的前途。

三、性健康教育的本质

性健康教育是一种科学认知和行为选择的教育。两性关系的教育，不仅是性知识的传播，而且是价值观念的教导，是社会文明与道德规范的传承。

性健康教育是一种人格教育。一个人是否有正确的性观念，不仅取决于他（她）有多少性科学知识，还取决于他（她）的人格素养。因此，性健康教育与培养健全的人格是密不可分的，性健康教育是素质教育的重要组成部分。

性健康教育是发扬人性的教育，是性别平等的教育，是建立美满婚姻的准备教育。性健康教育是心理健康教育的有机组成部分，是人生教育和家庭生活教育的重要内涵。

有鉴于此，性健康教育应当引入学校和家庭教育的任务之中，并且纳入父母对孩子的监护责任。

四、性健康教育的宗旨

性健康教育的目的在于促进性健康。世界卫生组织提出的“性健康”概念是“与性有关的身体、情感、心理和社会健康状态”。性健康教育要帮助受教育者科学而全面地认识性的生理、心理和社会成熟过程，认识友情、爱情及婚姻关系的健康发展条件，树立性别平等、责任感与相互尊重等观念，以便享有性健康、生殖健康和幸福的婚姻家庭生活。

五、性健康教育的价值导向

在性健康教育中，价值观念教导极其重要。结合我国国情，在青春期性健康教育中，我们认同以下价值观念。

第一，性潜能是与生俱来的，是一个人生命的自然而健康的组成部分。

第二，性有生理的、心理的、社会文化的层面，把这些层面统一起来的性才是健康而完整的。

第三，每个人都有自己的尊严和价值，一切形式的性歧视、性虐待、性暴力都是对人权的侵犯；任何性行为都不能带有强制性和剥削性。

第四，任何性行为都是有后果的（积极的或消极的），因此每个人都有权利和义务做出对自己和对别人负责任的性行为选择。

第五，要明确告诉青少年，身心尚未成熟就发生性关系是冒险之举；洁身自爱，拒绝不安全、不卫生和不负责任的性关系是人格健全的表现之一，也是防止性病和艾滋病传播的有效办法之一。

第六，青春期性健康教育是家庭、学校、社会共同的责任；青少年有权获得包括避孕知识在内的科学性知识，以便做到“知情选择”，保护身心健康；青少年应享有性保健咨询服务，使他们在必要时能得到及时的帮助。

六、关于“三道防火墙”的概念

在青春期性健康教育实践中，关于避孕知识的传授也不容忽视。根据我国的国情、社情、民情及相关专家和实际工作者的经验，我们在此提出关于建立“三道防火墙”的概念，供家长和老师参考。

第一道“防火墙”是劝诫未成年人不发生性关系，作为青少年应当洁身自爱。对于这一点，家长和青春期性健康教育者应秉持客观坦诚、科学理性的态度。例如，每个公民 18 岁之前不能参加公民投票，是因为没达到法定的成人即成熟年龄，中学生不能发生性关系也是因为其心理、社会、经济方面均不成熟，无法承受性关系带来的不良后果。“春天就做春天的事”，是每个青春期少男少女都应当懂得的人生规律。在讲“洁身自爱”时，我们不能否认少男少女因激素突增而产生的性欲望和性冲动，这是本能的生理现象，但如何去应对欲望和冲动，则是要通过大脑和意志力去思考和行动的。发生性行为，并不是排解性欲和性冲动的唯一方式，而是人生伴侣相爱的特定方式。因此，必须让青少年知晓，除了性交行为之外，还有其他释放性压力的方式，如自慰、自觉转移注意力、积极参与有异性在场的文体活动、专注于创造性的工作即“升华”等。还需说明，性欲作为一种本能现象，与食欲和睡欲相比是有所不同的，可以延搁、转移，甚至消解。而且，劝诫未成年人性克制、不发生性关系，也是培养孩子的规范意识和纪律观念的需要。

第二道“防火墙”是讲解避孕和紧急避孕知识。我们希望所有18岁以前的孩子都能安全地站在第一道防火墙之内，但总有不如愿和意外的情况出现，我们难以预料究竟哪些孩子会越墙，所以还是需要给他们再建一道安全网。在讲解“生命的孕育和诞生”这一课时，应当让孩子们从视频中直观地看到精子与卵子结合的过程，并且让他们知道，用哪些方法可以阻挡或避免精子与卵子见面，以及如果它们见面了，可以在72小时内使用紧急避孕药等补救措施。这一课最好以父母为背景，以免让孩子感到是在针对他们，或误以为是赞同他们发生性关系。从人类控制生育的人口科学知识的角度讲解，不会使孩子们有羞怯感、触及隐私感或意欲尝试之感。他们头脑中储存了关于避孕与紧急避孕的知识，可以“有备无患”。关于安全套的用法、口服避孕药的具体使用等信息，最好由父母在家庭的私密环境中，根据孩子的实际情况做具体讲解，老师也可对孩子的这类提问做个别解答。

第三道“防火墙”是讲“人工流产”，这也应在“生命的孕育和诞生”的知识传授中作补充解释。要让孩子们知道，怀孕的女性做人工流产，一般是在怀孕3个月之内，否则，对健康损害较大。

总之，我们既要帮助孩子建立道德屏障，又要建立安全保护屏障，把科学的信息提前传达给他们，让他们真正做到“知情选择”，其目的是保护孩子们的健康。

在“三道防火墙”的讲解中，也应分别根据小学、初中、高中、大学的学生不同发育阶段的实际情况进行不同深度的讲解。

七、学校性健康教育及其对教师的要求

在我国现阶段，大多数父母尚不能胜任对孩子进行性健康教育的角色，因此中学生的性健康教育也主要由学校来承担。学校毕竟是个制度化的正规教育场所，应该进行性健康知识的集体传播和性价值观念的正确指导。性健康教育在学校不必是一门需要考试的课程，但应当有专门的课时和讨论时间。教育者一般是经过训练的专业教师，他们不像父母那样与孩子有情感牵涉，因此，容易做到客观和冷静。教师的权威性一般也比父母强。性健康教育课堂本身能使孩子产生一种安全感，使他们感觉在这里与同学谈性是合情合理的事，因此不紧张、不羞怯，可以畅快地表达自己的意见。在学校推广同伴教育是个好办法，孩子们在一个有同龄伙伴参与的轻松、友好的环境中更容易接受知识和分享情感体验。但“同伴”必须是经过专门训练的大孩子、小老师，有一定组织和驾驭能力的志愿者。

做性健康教育的家长和教师，不一定是性知识与经验都很丰富的人，因为性知识是可以通过培训很快学习到的，也不必请性学领域的权威人士去执教。但对孩子做性健康教育的老师或家长，确实需要具备基本素养。

第一，要能够与孩子们进行公开而朴实的、真诚而虚心的对话。

第二，不会对性健康教育相关话题的内容感到羞耻，能够对互动式、讨论式、参与式的教育方式应付自如。

第三，有丰富的性知识，有良好的人格素质，有正确、健康的价值观，又能虚心听取他人，甚至孩子的不同意见。

第四，善于启发孩子参与讨论，而不只是填鸭式地灌输知识或试图给予问题的全部答案，也不会对孩子的问题不经过深思熟虑就做结论。

第五，敢于承认自己对某些方面的性知识并不十分了解，留有充分的争论和探讨余地。

第六，不会动辄批评孩子，善于与他们沟通和商讨，鼓励批评与自我批评。

第七，尊重每个孩子表达意见的权利，保护孩子的隐私，不勉强他们回答问题或做他们不愿做的作业。

当然，具备上述条件的家长和教师是经过严格挑选和培训的，这种培训既包括性的科学知识，又包括教学方法、风格、技巧，甚至教育者个人品格修养。

学校实施性健康教育，要与家庭教育密切配合，教师要尽可能与家长沟通，了解孩子在家庭中接收过什么样的信息，以便与家长一道清除孩子头脑中那些不科学、不健康的东西。此外，教师的教学内容要及时告知家长，并征求家长的意见和建议，以便更好地针对孩子的实际情况进行教育。

第2章

人类怎样创造生命

几乎所有的孩子问及父母的第一个有关性的问题都是："我是从哪里来的？"孩子对生命奥秘的探索从儿童期持续到青春期。大多数父母害怕孩子问及此类问题，对孩子的好奇心或敷衍搪塞，或装聋作哑，甚至训斥羞辱，以为孩子会就此罢休。其实不然，孩子不能从正规途径获得问题的答案，很有可能通过歪门邪道去满足其好奇心。于是，色情、淫秽的垃圾污染孩子纯洁心灵的事件屡见不鲜。其实，父母和老师何必对生命孕育和诞生的科学问题如此讳莫如深呢？当然，对于如何作答，教育者本身也是需要讲究方式方法的。

人类的生殖系统

男性和女性的生殖系统，到青春期之后才会真正发挥作用。尽管每个人的生殖系统发育迟早、快慢不尽相同，但有一点是相同的，即生殖系统的发育是一种自然生理过程，不受人们思维、意志及愿望影响。

一、男性生殖器官

男性生殖系统包括外生殖器官和内生殖器官。外生殖器官是可以看见的，包括阴茎和阴囊。内生殖器官有睾丸、附睾、输精管、精囊、前列腺等，是隐藏着的。

（一）阴茎

阴茎由皮肤结缔纤维组织、血管及神经构成，包括背面的阴茎海绵体和腹面的尿道海绵体。阴茎在性交前充血勃起，进入女性阴道，从而把精子送入女性体内。

（二）阴囊

阴囊，俗称“子孙袋”，是保护睾丸的皮状囊，皮薄而多皱并生有毛发。

（三）睾丸

睾丸是男性最重要的生殖器官，约拇指头大小，左右各一个，藏在阴囊内，基本功能是制造精子和分泌雄激素。

（四）附睾

附睾由曲折、细小的管子构成，主要功能是储存精子。

（五）输精管

输精管是输送精子的通道。

（六）精囊

精囊位于膀胱底部，左右各一个，如食指大小，可产生液体，存入精子成为精液。

（七）前列腺

前列腺位于膀胱的下方，可以分泌一种液体到尿道，使精子生活在更适宜的环境中。

二、女性生殖器官

女性最重要的生殖器官是卵巢、输卵管、子宫和阴道。

（一）卵巢

卵巢是女性的主要生殖器官，有排卵及分泌雌激素的双重功用。

（二）输卵管

输卵管外部开口于腹腔，半覆盖着卵巢，是个很好的捕手，卵巢排出的卵子会被其巧妙地接住。输卵管是卵子与精子会合的通道。

（三）子宫

子宫是个梨形的空腔，是胎儿长大成熟的殿堂。

（四）阴道

阴道又称产道，是胎儿娩出的通道，也是月经出口及精液的入口。

怀孕与生育

男性和女性在性生理上的基本差异，就是男性能够输出精子，使女性怀孕；而女性则是被动地接受男性的精子而怀孕。此外，还有四个功能是女性具有而男性没有的，那就是女性有月经，能够怀孕、生育、哺乳。

一、怀孕

一个新的生命通常始于有生育能力的男女发生性交行为之际，即在男女生殖器交合时，男方通过射精把上亿个精子输送到女方的阴道内。这些精子像长着尾巴的小蝌蚪，争先恐后地游向女性的子宫，其中有一部分得以进入输卵管。如果在输卵管内恰好遇到从卵巢排出来的成熟卵子，那么精子就立即将这个卵子包围，每个精子都试图穿透卵子壁而进入其中。竞争的结果，通常最后只有一个“幸运”的精子得以成功地与卵子结合，成为受精卵，被输卵管的收缩推入子宫。女性就这样怀孕了。

女性怀孕后，她的子宫内膜就成为胎儿生长所必需的物质条件，因而不再萎缩脱落，月经也就停止了，一直到孩子出生之后。年轻女性停止了月经，是怀孕的征候之一。但不来月经并不都是怀孕所致，有的女性可能由于某种特殊的情况而迟来一次月经或暂时闭经。但无论如何，一个有性生活的女性，在正常月经来潮日期过去一个月仍不见经血，就应当去医院检查，以便确认是否怀孕。有时，一次检查结果还不足以为据，应做两次或多次检查，包括验尿和验血。

一个女性若怀孕，其早期征候是她自己就可以察觉到的。一是乳房肿胀，触摸时有疼痛感；二是早上起床时感觉不舒服，有恶心、呕吐现象，或者厌恶某种食物。这叫“妊娠反应”，一般会持续 1 ～ 2 个月，通常在上午较明显。女性在妊娠期通常都会比平时更容易感到疲劳和嗜睡。

二、胎儿的历程与分娩

如果从末次月经来潮算起，胎儿在母体内通常要待 280 天，所以，人们通常说“十月怀胎”。妊娠期满，胎儿就足月出生了。

母亲生育孩子是一次奇特的经历，它使女性在享受创造生命的喜悦同时，也承受了分娩过程的疼痛和担忧，并从此肩负起了抚育孩子的神圣责任。从孩子降生之日起，夫妻双方就开始了创造性的、艰苦的劳动，抚育孩子成长，并由此增进夫妻的感情。

三、生男或生女

孩子的性别，早在精子与卵子结合那一瞬间就决定了。卵子只有一类，带 X 染色体；精子有两类，一类带 X 染色体，另一类带 Y 染色体。带 Y 染色体的精子与卵子结合，则生男孩；带 X 染色体的精子与卵子结合，则生女孩。正常受精过程是男女任何一方都不能选择和决定的，所以孩子性别是自然而随机的。但无论男孩女孩，生命的价值是同等的。

四、避孕与节育

避孕方法有很多种，其中安全套、避孕药等应按照有关说明使用。注意使用宫内避孕器，服用避孕药、紧急避孕药以及其他避孕方法，需要在医生的指导下进行。有些避孕方法是靠不住的，不应采取，例如安全期避孕、男性体外射精、性交后女性排尿、灌洗阴道以及将具有杀菌作用的化学药片置入阴道等。

节育有两方面的含义，一是通过有效的避孕方法来实现夫妻对生育数量、生育时间和生育间隔的选择，或实现不生育的意愿；二是在已经生育理想数量的子女之后，以手术方法“绝育”。绝育手术是简单的外科手术，男女都能接受，男性手术更为简便。男性做输精管结扎，使精子不能进入输精管，因而射精时液体中不含精子。女性输卵管结扎后，精子在输卵管内就遇不到卵子了。

五、人工流产

在意外怀孕的情况下，许多女性会选择人工流产。人工流产手术最好在怀孕 3 个月内进行，一般危险系数较低。如果超过 3 个月实施人工流产手术，对身体的影响较大。

第3章

青春来临

每个人的一生都要经历三个主要的成长阶段，即儿童期—青春期—成人期。从完整的意义上说，这不仅是人的身体成长的过程，而且是心理、智力、人格全面成熟的过程。

青春体貌，男女有别

青春期到来的明显标志，除了女孩来月经、男孩有遗精之外，当然是身体外表的变化了：开始是身高突增，接着便是一系列“性征”出现，使男孩女孩看起来迥然有别。

一、男女有别的青春体貌

（一）身高

女孩月经来潮前一年左右，男孩在遗精前一年左右，即青春前期，身高突增就开始了。身体急速长高可能经历 2 ～ 3 年，以后便减缓。停止长高的年龄，女孩在 19 ～ 22 岁，男孩在 23 ～ 25 岁。每个

人的长高速度和最终达到的身高不同，这里既有性成熟早晚和遗传因素的影响，又与营养、健康状况、体育锻炼等因素有关。

（二）体重

青春期少男少女的体重迅速增加，主要是由于体内激素分泌旺盛，促进骨骼、肌肉、内脏、脂肪的综合发育所致，平均每年可增重 5 ~ 6 千克。女孩的体重与青春期发育的关系，比与年龄的关系更密切。女性的体重增加主要由于骨骼的伸长和脂肪的加厚；而男孩体重的增加，原因除骨骼伸长外，还有肌肉的增多。成年男性的肌肉重量占体重的 42% 左右，女性占 36% 左右，这是由于激素的差异和一般女孩活动量较男孩小的缘故。因此，女孩体内的脂肪容易积累，平均可占到体重的 25% ~ 28%，而男性平均占 15% ~ 18%。这使男性身体显得壮硕，女性显得柔美。

青少年可以通过合理的饮食和适当的体育锻炼来控制体重及脂肪的积存量，从而保持良好的体形和健康的体魄。

（三）体型

骨骼、肌肉和脂肪是构成体型的三要素。激素的不同作用，使三者分布显示出性别差异，从而形成了男性和女性不同的体型特征。男女体型除了有群体差异外，还有个体差异。至于青春期的生理、心理、体貌及行为变化，则主要是性发育的反映。

男性一般肩宽，身材高大，骨盆较小，胸肌较发达，脂肪仅在肩部有少量积累，显出强健、魁梧的阳刚之美。

女性则四肢和髋关节处骨骼发达，脂肪集中分布在乳房、臀部及肩背处，腰细臀厚，骨盆宽大，皮肤细腻，显出体态丰满、柔软和曲线分明的女性美。

此外，青春期到来后，神经系统也快速发育，促使脑神经的兴奋度增高，大脑的智力水平提高，使人的感觉、知觉、思维、记忆等功能扩展，感知能力增强，理解、分析和判断力也大大发展。所以说，青春期是学习与成才的黄金时期，是青少年奠定人生与事业基础的关键阶段。

心脏、肺脏等机能的发育，都使少男少女进一步走向成熟，准备以健康的体魄和充沛的体能去承担人生的使命。

二、青少年性成熟与第二性征

（一）少女

少女性成熟以月经初潮为起点，表明少女卵巢有成熟的卵子排出。月经初潮后一年左右，排卵形成规律，即每 28 ～ 32 天来一次月经。月经来潮也表明少女具有了生殖能力。

少女第二性征包括乳房隆起，阴毛与腋毛发育，臀部圆润，骨盆变宽，皮肤变得光滑细腻，嗓音变得较为清脆尖细等。正是这些特征，使女孩在外表上显示出少女的柔美气质。

（二）少男

少男性成熟主要以首次遗精为标志，表明男孩有成熟的精子从睾丸中释放出来。遗精也表明少男有了生殖能力。

少男第二性征包括长出体毛（胡须、阴毛、腋毛），喉结显现，嗓音变得粗沉，肩宽臂阔等。少男的这些特点使他明显有别于女性而显示“男子汉”的气质。

三、教育孩子悦纳青春体貌

前面谈到性别特征是先天的，是由性染色体决定的，自己不能选择，只能平静而欣然地接纳。人有各种体形，有的矮，有的高，有的瘦，有的胖，有的苗条，有的丰满，可以通过调节饮食和锻炼身体在某种程度上使体形有所改变。如果太瘦，就可以通过加强体育锻炼和补充营养来增加体重；如果太胖，可调节饮食和增加体育锻炼而减少脂肪积累。但无论吃得多还是少，也无论进行了怎样的锻炼，一个人的基本体形和体貌是很难根本改变的。

父母应该引导孩子坦然地看待自己的体貌，不需要与其他人相比，只需说："嘿！我喜欢自己这个样子。"充分接纳自己的体貌是有知识、有理性、有自信心和有自知之明的表现。在现实生活中，少数孩子对自己的体形不满意，甚至不能接纳，有的还做出不科学、不健康的改变，导致有害后果。其中一个很重要的原因，在于大众媒体总在示范某种"理想体形"。孩子在视频和广告牌上看到的男女形象，在电视和电影屏幕上所见的明星，似乎都是完美无瑕的。然而，这些明星的完美体形，在人群中所占比例微乎其微，并且不一定是健康的。

懂得悦纳和欣赏自己的身体，而不以所谓的流行时尚为标准，这是从青春期走向成熟的表现。要知道，每个人都是独特的，世界上找不到两个完全相同的人。独特就是美。如果能够努力去发现自己身体的独特之处，就能为此而自豪。如果人人都变成广告模特或电影明星的模样，那么这个世界该是多么单调而令人乏味啊！

俄国大文豪托尔斯泰曾经说过，人不是因为美丽才可爱，而是因为可爱才美丽。这里所说的美丽，就是内在美、品格美。内在美是需要后天不断修养的。父母要帮助青春期的孩子加强自我修养，通过提高和完善内在素质而使自己实现内在美与外在美的统一。有的人虽外表漂亮却内心丑恶；有的人虽其貌不扬却心地善良。那么，前者和后者究竟谁更美，谁更能被人接受和赞赏呢？

父母还要启发孩子懂得什么是美和怎样鉴赏美。心灵美以及由此而产生的行为美，才是最高境界的美。外表美的不足可以通过装饰打扮和内在美来弥补，而心灵的卑污却不是外表美可以掩饰的。心灵美是美丽的核心和灵魂，它具有宝贵的、不可取代的价值。

父母要教育孩子正确看待自己的身体，而且看待的方法很关键。要看潜能，而不是看皮毛。人生难得美好，关键看如何规划，如何运用自己的潜质。所谓人不可貌相，海水不可斗量，唯有内心的丰富宝藏才可以无尽地开发。

遗精与自慰

一、遗精

精液达到一定量后，体内无处可容，这时“精满自溢”，精液就以遗精的方式排出体外。遗精是正常的生理现象。遗精一般在睡梦中发生，也叫“梦遗”。大部分健康男性在青春期都会发生遗精，一般每隔 1 ～ 2 周或 1 个月左右遗精一次。如果遗精过于频繁，可能与炎症、神经过度兴奋、疲劳或不良刺激（如过度手淫）等有关，要及时就医和自我控制（如转移注意力等）。

遗精是释放性压力的自然生理现象。性压力若得不到及时排遣，则易使人紧张、烦恼、躁动不安。遗精可使性冲动得到松弛和缓解，从而达到生理上的平衡。正常遗精不会损害健康。可是，仍有不少孩子为遗精而烦恼。他们把精液看成“元气”，是人体最宝贵的精华，还有人认为自己尚未结婚，“元阳未泄”，遗精就把“元阳”泄了，身体亏空了。这些错误的观念困惑着不少男孩。每当他们因参加体育比赛或考试前情绪紧张而发生遗精时，就会产生羞耻感，甚至负罪感，以致恐惧、焦虑、不安。还有的男孩因遗精而心理压力太大，不想上学，对美好的青春失去信心。实际上，精液内除有精子和少量蛋白质、脂肪、糖分外，主要成分是水，根本不存在“元气”“元阳”之类的东西。一次遗精排出的精液，总共只有 3 ～ 5 毫升，这对一个男性一生所产生和排出的精液来说是微不足道的。因此，正常未婚男性每月遗精 1 ～ 2 次，甚至再多几次，都不是什么异常现象，不必烦恼。相反，烦恼和恐惧对身体健康的影响反而比遗精本身要大得多。

还有一些男孩又常常为自己不遗精而不安，生怕自己性发育不正常。其实也并非如此。精液可少量多次排入尿道，随尿液排出体外，不易被本人察觉。

当然，如果遗精太过频繁，1 ～ 2 天一次或者一天数次，甚至午睡时也发生遗精，由此造成头晕、乏力、腰酸、耳鸣、心悸、气短、面色苍白、精神不振等不良反应时，就应该引起重视，需要加强自我控制和调节，或去医院就诊。父母要引导孩子学习性知识，放松精神，转移注意力，降低大脑的性兴奋度；自觉不看淫秽书刊及色情影视作品，减少对感官的不良刺激；养成正常的作息习惯；积极参加各种文体活动。同时，父母必须提醒孩子保持生殖器官的卫生，避免生殖器官局部受到污物的刺激。包皮过长、包茎、尿道炎、前列腺炎等疾病，或内裤太紧、晚上睡眠时被子盖得太厚等，均容易引起遗精。

总之，父母应该认识到，对于青春期的男孩，只要以科学的态度对待遗精，并保持乐观与自信的态度，养成有规律的生活作息习惯，把对“性”的注意力分散开，遗精就会自然减少。

二、自慰

自慰是指在没有与异性性交的情况下满足性欲的方式，常见于青春期的少男少女，有些成年的未婚男女，甚至已婚男女也有自慰行为。自慰一般有三种形式，即性幻想、性梦、手淫。

（一）性幻想

性幻想是指以与性有关的遐想来满足自己对性的心理欲求。某些孩子对接触异性的欲望很强烈，但又不善于或不敢于与异性交往，于是就寄托于性幻想。有的孩子把在文学作品或影视作品中观察到的男女之间浪漫的情节加以追忆和组合，虚构出自己与爱慕的异性交往的种种情景：约会、游玩、拥抱、亲吻等。性幻想往往发生在入睡前及睡醒后的一段时间里，或在闲暇时，如乘车、乘船、旅游时。发生性幻想时往往身心十分投入，讨厌别人打扰。性幻想充满浪漫色彩，犹如美好的梦境，可称“白日梦”。有的孩子通过性幻想而达到性兴奋：女孩性器官充血，男孩射精，有时还伴有手淫行为。

青春期性幻想是少男少女性成熟过程中的正常现象，是一种个人的隐私体验，也是一种自慰方式。它可在性冲动时提供一种宣泄的渠道。尤其是在当下各种性刺激增多的社会环境中，性幻想可为排解性压力打开一道安全闸门，对己有利，对他人无害。但是，过分沉溺于性幻想，也可能形成病态，那就需要干预了。如有的男孩因幻想与某异性发生性关系而导致精神恍惚，身体虚弱；有的女孩因性幻想而导致心情紧张、兴奋过度，影响正常生活、学习和人际关系。这时父母应鼓励孩子寻求心理专家的指导和学会自我调节，使性意识正常发育，做到自主、自强、自律，以防被“心魔”征服，陷入痴迷状态。若孩子沉迷于性幻想，并且已经发展到心理异常，父母就应尽早带孩子寻求心理医生的帮助。

（二）性梦

性梦是指在睡梦中与异性亲热或发生性关系的梦境。在性梦中，男性常伴有射精。有时在性梦中没有射精，而是等到醒来后才射精；

有时在半醒的状态下抑制了射精。女性在性梦中阴道壁肌肉会发生节律性收缩，得到快感。性梦的发生男多于女，男性多发生于青春中期，女性多发生于青春后期。

尽管性梦的出现不受意识支配，但它可起到排解性欲的作用，也是一种自慰方式，一般不会对他人有妨害。但是，如果对性梦处理不当可能会造成恶果。例如，某中学一名男生，梦见自己和同桌的女生发生了性关系。他兴奋地把自己的性梦告诉了别人，在班里传得沸沸扬扬，结果导致那个女生因觉得羞辱而不敢来上学。又如，一名女生梦见和某男演员拥抱、亲吻，后来天天到那位男演员家住的街口去等待他，到了不思茶饭、夜不能眠的痴狂程度。因此，父母要告诉孩子，有性梦，不必羞愧不安，更不必“寻梦”不得而自怨自艾。性梦是性成熟的正常反应，要顺其自然。性梦也是自己的隐私，不必向他人透露，以免伤害自己的自尊心或伤及无辜的“梦中情人”。

（三）手淫

手淫是指通过自我抚摩或用器物刺激性器官而使性欲得到满足的自慰行为，在青少年中较为常见。手淫可使男性获得射精的快感，女性也能产生某种性满足。这是一种性的自我快乐方式。

手淫既非病态，也不涉及道德问题。据统计，手淫最常发生于10～15岁的青少年。20岁以后，随着意志力的增强，手淫趋于减少。

父母对待青少年手淫要有正确的态度。我国著名医学科学家吴阶平教授说："不以好奇去开始，不以发生而烦恼，已成为习惯要有克服的决心，克服之后就不再担心。"如果孩子能以平常心对待手淫，既不上瘾成癖，又不内疚懊悔，那就不会引起性心理的异常。父母对孩子的手淫也就不必过于忧虑。

性感情的发育

青春期的少男少女，除第一性征（男女生殖器的不同外形和结构特征）、第二性征（除第一性征外，男女有别的青春体貌）的发育外，还有“第三性征”的显示，即人们所说的“情窦初开”。这也是因为身体内性激素的作用，使女孩男孩形成阴阳两个不同的磁场，自然相互吸引，表现为对异性感兴趣，产生神秘感、好奇心，想要和异性亲近。他们在与异性的接触交往中感到兴奋、快乐。这是因为在阴阳相互吸引的磁场反应中获得了某种“情愫”的滋养。这种感觉与爱情虽有不同，但这种滋养对青春期的性感情发育有着积极意义。试想，如果已经开始性发育的男孩女孩，对异性不感兴趣，不思交往，那他们日后也不会有恋爱择偶之欲，甚至无结婚的愿望，那将是一幅什么样的景象呢？

作为老师和家长，应当为孩子的性感情发育而感到欣慰，应当由衷地祝福他们，鼓励和引导他们在此时期敢于与异性朋友交往，不要过多担心少男少女的正常接触，更不可用“早恋”这根大棒去围追堵截孩子与异性交往的行为。

第4章

青春期心理解密

青春期孩子的心理活动比儿童期复杂多了，尤其值得家长和老师关注的是围绕性成熟而出现的一系列性心理变化。性心理健康是青春期少男少女心理健康与人格健全的关键和核心。

青春期情绪

一、生理变化与性意识萌动

父母应该了解，进入青春期的少男少女，身体内的性激素大量分泌和积累，性欲萌动与日俱增。他们对自身的生理变化和两性体貌差异，不仅十分敏感和关注，而且颇感好奇和疑惑。他们有着对性知识的强烈渴求，希望破解“性”的奥秘。青少年因发育而出现生理上的不适感、身体的倦怠感与心理上的神秘感交织在一起，形成所谓“青春期情绪”。女孩因第二性征出现，尤其是乳房发育，胸部隆起，会出现局促不安和羞怯心理，害怕别人注视她；月经来潮可能加剧烦恼情绪，甚至产生惧怕、厌恶的心理；也有的女孩时而出现亢奋、躁动情绪，突然产生“我长大了”的狂喜。这种种情绪起伏不定，会随着时间的推移而趋向缓和。男孩对于第二性征即体貌体形变化，心理波动相对来说不像女孩那样剧烈。不过，当男孩阴毛生长、声音变粗后，“男子汉”意识突显，表现为争强好胜、攀比较劲、焦躁不安等。男孩因性冲动，也对性怀有强烈的好奇心，意欲探究，渴望获得答案。特别是当男孩首次出现遗精，因性知识不足，可能会有恐惧心理，或者耻辱感。生理成熟与性欲冲动，又促使他们渴望接触异性。青春期异性交往对青少年有非同一般的意义，有利于促进他们的成长与成熟。

二、社会环境与性心理发育

青少年性心理发育与他们所处的社会环境关系密切。首先，不论男女，都会受朋友、同学及网络媒体的影响而诱发对性的好奇。尤其是同伴中间传阅一些有关“性”的视频、书刊、图片，使他们受到刺激而引发性冲动。

其次，影视作品中展示的暗示性镜头以及成人的两性亲昵行为，如拥抱、接吻等，也给青少年的性心理发育带来冲击。可以说，青春期少男少女之间的相互吸引、眷恋、爱慕等心理活动，既源于自然本能，又是社会生活环境影响的结果，青春期性心理也是社会心理的反映。

如今，青少年在生理发育上明显趋向早熟，而社会生活方式和文化环境的影响又与日俱增，因此，青少年性心理变化的影响因素、程度和方向都值得认真解读和探究。广大教育工作者、家长们早已发出强烈呼吁，要求净化社会的文化娱乐市场和网络环境，积极组织有益于青少年的文体活动和网上娱乐节目。

性感情发展“四部曲”

一、异性疏远期

青少年在三大性征出现后的 1 ~ 2 年，会朦胧地意识到两性差异，彼此显得拘束和陌生，表现出不安和羞怯心理。男孩怕被女孩看见自己悄然长出的腋毛，少女会设法掩饰逐渐隆起的乳房，很怕异性注意自己的身体变化。于是男女学生彼此疏远，课外活动也保持界限，男孩一堆，女孩一群。即使是儿童时代很要好的异性玩伴，此时也有所回避和疏远。有的孩子在家庭中不由自主地疏远异性长辈，男孩喜欢接近父亲，女孩愿意和母亲说悄悄话。异性疏远的背后潜藏着对性别差异的觉醒。

二、异性吸引期

对异性产生好感与爱慕，一般出现在女孩12～13岁、男孩13～14岁以后。这时他们开始喜欢表现自己，吸引异性目光。男孩乐于在女孩面前显示自己的勇敢和豪爽，以赢得女孩的好感和赞许；女孩内心有许多“假想观众”，以为周围的男孩都在注视着自己，于是开始注意修饰打扮，以博得男孩的欣赏。男女相互接近的渴望，使他们乐于参加与异性在一起的集体活动，喜欢结伴外出郊游、娱乐或参加体育锻炼等，并对异性表示关心、体贴，乐于帮助异性同学以获取好感，但这种接触交往多半没有专一性和持久性。由于青少年心智尚不成熟，情感尚不稳定，有些人往往有幼稚的举动，惹得异性朋友难堪、反感，或在同学中引起议论，或被嘲笑、起哄，从而招致心理压力。此时，父母要提醒孩子，对异性的兴趣出于自然，不必紧张和担忧，同时引导孩子明确与异性同学单独交往的尺度和界限，在珍视异性友谊并以此作为进步动力的同时，应努力把注意力转向群体交往，相互学习，博采众长，促进共同成长，为将来的人生旅途和事业发展奠定良好的人际关系基础。

家长应当及早告诫孩子，此阶段最好不要陷入与某位异性同学的亲密关系中，以免“作茧自缚”，脱离集体，失去与更多同伴交往并获益的机会。当然，如果此时能够把对异性的好感和爱慕发展为纯真的友谊，增进彼此的团结互助，相互支持和鼓励，将是日后选择终身伴侣的有益铺垫。

三、异性眷恋期

15 ~ 16 岁之后的青少年到达了青春旺盛期，加快了向成人过渡的步伐。此时的少男少女在对异性好感的基础上，各自形成一个或几个异性的“理想模型”，并在众多男孩女孩的共同交往中，逐渐由对群体异性的好感转向对个别异性的依恋，形成一对一交往的“专情”行动，即萌生恋情，初涉爱河。他们一般在内心蕴藏着强烈的眷恋之情，忍不住公开表露，但大多数并不直接以肢体接触来表达爱恋，而是用语言和通信的方式来显示自己的情感纯洁性。如果说青春初期的青少年，生理上的性冲动胜过理智，多表现为“一见钟情”的冲动，那么，青春中期的高中生则表现出较为成熟和理智的态度，较能控制自己的生理冲动。当然，由于还达不到成年后那种理智与克制水平，在两性交往中也可能有不适当的行为。由于高中生的独立意识较强，与父母的关系逐渐疏离，父母的控制力下降，所以高中生一旦失去自我控制，就比初中生更容易发生两性交往失当行为，从而可能导致自己无力承担的后果。目前，家庭和学校过于注重高中生的学业与备考，却忽视了他们的性压力和性心理发展中的问题，未能适时指导他们的异性交往，因此，有必要对高中生开设有针对性的课程或讲座，进行关于友谊、爱情、性与婚恋问题的参与式、互动式讨论。

四、爱情尝试期

高中毕业进入大学的青年（18 ～ 20 岁），已到青春延伸期，即成人初期。此时的大学生显然比中学生更为成熟，对异性的爱慕和追求比较趋向专一化，迫切追求爱情，自然地进入了恋爱择偶的季节。社会上各种媒体的宣传，大学校园里自由和频繁的社团活动，加之离开家庭后的孤独感、无助感，都可能使大学低年级男女生对异性交往的兴趣大增，突破自我封闭和羞于透露内心秘密的心理，公开追求异性，向往与异性在一起的生活。他们的“初恋”尝试带有一定的选择性和排他性，一般是严肃认真的，但也不尽然。我们看到，由于整个社会心理的浮躁，媒体的负面信息传播，加之独生子女一代的“心理断乳”迟缓，大学校园里低年级学生的恋爱也有不少轻率和放纵行为，难以信守一时的口头承诺。随着年龄的增长、知识的丰富、交往范围的拓宽，感情转移、弃旧图新的事例屡见不鲜。大学校园里，“失恋”故事不胜枚举，给双方或一方带来伤害。毕业后社会环境与职业生涯的变化，也可能击碎大学爱情的美好誓言。

从现实情况看，大学生谈恋爱“终成眷属”的并不普遍，“两小无猜”的中学生恋情，就更难开花结果了。目前高等院校对大学生谈恋爱是不禁止的，但是大学生处在恋爱择偶的起始阶段，是非常需要指导和帮助的。其中，价值观念的引导、择偶知识的传授和责任意识的培养不可缺少。有的大学已通过讲座或专题讨论课等形式，对大学生的恋爱择偶进行必要的指导。近年来，先是中国关心下一代工作委员会和各学校团委，组织专家通过互联网向大学生传授恋爱择偶和婚姻家庭知识，后有教育部鼓励高校加强恋爱心理教育，目前已有部分高校开设了婚恋教育课，这些都是可喜的动向。

情感与冲动

少男少女的性心理发展，既是自然的、纯洁的，又是微妙而复杂的。家长和老师对此应保持充分的敏感性，教育内容要有针对性。

一、性意识与性感情

性意识是个人关于性的思维活动，它左右着人的性行为。人类性意识发展一般要经历性别辨认的儿童期、爱慕异性的青春期、性行为选择的成熟期。性意识的形成除生理因素外，还受到家庭、社会及个人文化修养的影响。

（一）青春期性意识的特点

1. 渴望了解性知识

由于青春期三大性征的出现，青少年渴望从性的角度认识自己与异性，力求体验和了解一些令人新奇的生理感受，暗自探究自己产生某些生理需求的原因和满足的方式。因此，他们从各种途径去获取性知识，这是自然合理的。对青春期孩子进行性健康教育，有助于他们破除性神秘感，掌握科学而正确的性知识，促进人格发展和心理健康，对他们的一生都会产生深远的影响。

从调查研究中发现，男生的性知识很少是从家长或老师那里获得的，这与男生内心的封闭倾向有关。他们大多数通过上网、听讲座、看展览、读有关书籍、看影视片、与同学或朋友聊天等方式获得性知识；而女生内心则不像男生那样封闭，她们一般愿意与闺密或母亲谈论性问题，随着年龄的增长，她们更倾向于在网络上和书籍中搜索信息。因此，在对中学生的性健康教育中，家庭和学校的配合十分重要。

2. 对异性的好奇与爱慕

当青少年发现异性与自己的差异时，他们好奇，便想去探索。此时，他们一方面求助互联网和书刊信息，另一方面渴望亲自观察异性。他们喜欢与异性交朋友，从而产生爱慕与眷恋之情。他们会自觉或不自觉地用遐想来达到精神上的满足，如憧憬未来的生活，构想与心目中的异性偶像在一起的浪漫情景，有时会想入非非，迷恋、玩味自己心目中的“爱情”，以满足感情上的自然需求。

3. 在异性面前表现得紧张和兴奋

青少年发现自己的确有很多地方与异性不同，发现异性也很注意自己，希望自己在异性面前表现得更出色，展示自己的聪明才智和独特风采，以吸引异性。男孩在自己喜欢的女孩面前，做事特别卖力，努力呵护对方，希望在自己钟爱的女生心目中成为英雄和崇拜对象；女孩则以文静庄重或温柔体贴等方式展现自己的女性美。少男少女的这种心理状态又怕被对方发现，因此往往过于紧张、压抑，反而表现出缩手缩脚，甚至举止失态；有时弄巧成拙，可能损伤自尊心，有的甚至可能因此出现焦虑、抑郁、畏惧等负面情绪。

（二）性感情

在与异性朋友的接触和交往中，双方都会感到有一种相互吸引的力量。原因有外表的漂亮或潇洒，也有内在的聪明与善良，还有感到两性互补的愉悦和满足，有人称之为“怀春心理”。怀春并不等于恋爱，怀春完全是以两性自然相吸为基础的一种朦胧的好感，只是一种性感情。父母应该认识到，少男少女在一起相处，体验到爱情的萌芽，这种情感一般不至于发展为性关系，它不过是恋爱的初步尝试与体验。这种情感具有脆弱性，难以持久。

二、性欲望与性冲动

性欲望是一种渴望获得性满足的心理体验；性冲动是性兴奋不断积累而准备行动的一种心理状态。性欲望产生的生理基础，主要是性激素的作用；性冲动是在性激素和内外环境刺激的共同作用下产生的。

性欲望与性冲动的出现，是生理因素和心理因素综合作用的正常结果。父母一方面要帮助孩子科学地认识自己的身心发育规律，正确对待自然的情感状态，另一方面要指导孩子学会自我控制，增强对性欲望和性冲动的驾驭能力，以保证身心健康和行为举止符合社会规范。

（一）培养孩子正确的性观念、性态度和道德责任感

父母要向孩子说明，个人的性行为不仅涉及自己的生活与健康，而且还会对他人（伴侣、夫妻、父母）和社会产生影响。要让孩子明白，性与爱不是一回事：爱不仅是获得，还是给予；爱需要不断地投

入，需要承诺和奉献；爱情是两心相悦相许的情感表达。因此，爱情绝不应当仅仅是出于生理需求的轻率行为，随意的、冲动的性行为并不等于爱情。

（二）让孩子自觉抵制“色情垃圾”的诱惑

父母要告诉孩子，色情文化中所传播的性，已脱离了正常与健康的人类性爱，它宣扬的是与爱情无关的、不真实的、非人格化的性行为，并且往往充斥对女性的偏见、蔑视和对暴力的颂扬，是毒害青少年的“精神鸦片”。青春期是性道德的学习训练期和实践期，父母有责任培养孩子良好的性适应能力和性自制能力，使孩子既能应付复杂的社会文化环境，又能增强经营成熟爱情的积极力量，杜绝发生不健康、不安全、不负责任的性行为。

（三）鼓励孩子正常的异性交往

青春期的少男少女对异性充满神秘感和好奇心，这时鼓励集体交往十分有益。尤其是对今天的众多独生子女来说，发展校园内异性之间的群体交往，对弥补家庭中社会化环境的缺失是有好处的。由学校组织文娱、体育活动和兴趣小组，满足少男少女的交往需求，可以体面、从容地使他们的性心理需求得到满足，使性压力得到释放，使性的饥渴感得到平衡缓解。

少男少女若有“一对一”个别交往的现象，也不是什么大逆不道的事。父母需要及早给孩子立规矩，设界限，给予合理的指导，帮助他们把异性友谊建立在相互尊重、相互学习、相互鼓励和相互保护的原则上，以促进人格成熟、智慧增长和身心健康，使青春友谊成为彼此上进的助力。那些动辄给孩子的异性交往扣上“早恋”帽子而加以压制的做法，只能激起孩子的逆反心理，或者迫使孩子把公开的正常交往转入“地下”，而在“地下”更易发生不可控的危险。

第 5 章

呵护青春健康

青春期，青少年男女正处在性成熟和各个系统器官发育的阶段，经历着身体的各种变化。有些青少年可能因身体的变化而产生心理问题。这一时期，少男少女的身心健康就成为家长和老师需要关注的焦点。

关爱女孩

有女孩的父母应该对女孩青春期保健的基本常识有所了解。女孩青春期生理保健主要是注意乳房保健和月经期保健两个方面。

一、乳房保健

女孩乳房的发育标志着少女开始成熟，隆起的乳房也体现了女性形体特有的曲线美和健康美。因此，乳房的保健是少女青春期健康的重要方面。乳房发育过程中出现的一些现象可能引起少女的困惑和不安，例如是否穿内衣，乳房过小或过大，两侧乳房是否匀称，乳房畸形以及乳房肿块等问题。下面简单介绍保健医生的几点建议。

（一）少女不应束胸

青春期的少女，不要穿紧身内衣和太过约束胸部的胸罩。束胸对少女的发育和健康有很多害处。

1. 束胸时胸部受到压迫，长期束胸可能影响身体内脏器官的正常发育。

2. 束胸会影响呼吸功能。正常情况下，胸式呼吸和腹式呼吸两种呼吸方式协调配合进行，才能保证人体正常的气体交换，而束胸影响胸式呼吸，使胸部不能充分扩展，肺组织不能正常舒张，吸入空气量减少，以致影响全身氧气的供应。

3. 束胸压迫乳房，阻碍胸部正常的血液循环，从而产生乳房下部血液瘀滞而引起疼痛、乳房胀而不适，甚至造成乳头内陷，乳房发育不良，不仅影响美观，而且会造成将来哺乳困难。因此，最好由妈妈给女孩说明束胸的危害，还要鼓励女孩把乳房发育的情况告诉妈妈，以便及时得到必要的保健指导。

（二）穿戴合适的内衣

乳房发育基本定型后，父母要指导女孩及时选戴合适的内衣。如今的少女在 14 ～ 15 岁乳房发育基本定型，但个体差异性较大。一般情况下，可用软尺从乳房上沿经乳头量至下沿，上下距离大于16厘米左右即可戴胸罩。戴胸罩有以下好处。

1. 显示出女性的形体美；

2. 支托乳房，防止下垂；

3. 可预防乳房下部血液瘀滞而引起乳腺疾患；

4. 减轻心脏的局部压力，促进心脏血流循环畅通，有利乳房发育；

5. 减轻体育运动或体力劳动中可能发生的乳房过度振动或碰撞而导致的乳房损伤；

6. 保护乳头不受擦伤或碰痛，在秋冬季，胸罩还有保暖作用。

总之，胸罩对少女来说不仅是一种装饰品，而且是必备的保健用品。由于少女体形不同，乳房大小也存在差异，要选择尺寸合适的胸罩，穿戴后要感到舒适而又无紧束感。还要根据身体发育的体形变化，及时更换胸罩，千万不要追求体形美而勉强穿尺码不适合的胸罩。胸罩的质地要柔软吸水，并且要勤洗勤换，保持清洁，晚上睡觉时把胸罩取下。穿戴胸罩要养成习惯，无论春夏秋冬，持之以恒，坚持到老年。

（三）乳房包块自查

青春期少女真正有乳房包块的现象并不多见。女孩自己感到有乳房包块时不一定真的是包块，因为乳房主要由乳腺组成，有结节感，要经医生检查才能诊断是否真的为包块。家长应督促少女每月自查一次乳房，自查的最佳时间是月经过后，自查乳房时应当全身放松。检查分两部分，一是查看乳房外观有无变化，二是触摸乳房是否有包块，并且轻轻挤压乳头看有无分泌物溢出。经常自查乳房是终身受益的好习惯，可及时发现乳腺问题。

（四）乳房的卫生

青春期的少女由于内分泌的原因，每当月经周期前后，可能有乳房胀痛、乳头痒痛等现象。妈妈要提醒女儿不要随便挤弄乳房、抠剔乳头，以免造成破损而发生感染。还要经常清洗乳头、乳房、内衣，保持清洁卫生。

（五）乳房发育不良

如果妈妈发现孩子的乳房过小或过大、双侧乳房发育不均衡、乳房不发育、乳房畸形，以及乳房有包块等现象，不必惊慌失措：一是可通过健美运动促进胸肌发育，使乳房变得丰满匀称；二是在医生指导下进行适当调治。少女要到身体发育定型、性发育完全成熟才能确定乳房是否发育不良，不要过早下结论。

二、月经期保健

少女对首次阴道出血往往会感到惊恐不安，当明白那是正常的月经初潮后，又可能对如何处理月经来潮束手无策。因此，在少女初潮前，妈妈有必要教给孩子一些月经期的卫生知识。

月经是女性子宫内膜剥脱，经血从阴道排出的过程。在月经期，子宫内膜部分脱落，形成了一个创面，阴道内正常的酸性环境也可能因经血排出而被冲淡。同时，月经来潮时子宫颈口微微张开，盆腔充血等，致使生殖器官局部防御机能下降，如不注意卫生，细菌很容易上行侵入生殖器官。少女月经期，大脑兴奋性降低，全身抵抗力有所下降，身体容易疲劳，也容易受凉感冒或感染其他疾病。所以，妈妈应指导少女在月经期注意以下几方面保健。

（一）经期用品的卫生

经期用品的清洁卫生特别重要，要用合乎标准的卫生巾。在选择卫生巾时，应仔细检查包装上的卫生许可证号、厂家信息、保质期等；在卫生巾使用过程中应注意勤更换，使外阴保持干爽、清洁。

（二）保持外阴清洁

经期要用干净的温水冲洗外阴，避免经血结痂。清洗外阴时，阴部不要泡在水中，以免脏水反渗进阴道，洗外阴的盆也要和洗脚盆分开。大便后用纸清洁时要由前向后揩擦，以免把肛门周围的细菌带到外阴处。

（三）保持乐观和稳定的情绪

在月经期间，少女往往因身体的某些不适，如乳胀、腰酸、小腹坠胀、头痛等而情绪烦躁，易怒或抑郁，而情绪波动反过来又会影响月经。保持心情舒畅，自我调节情绪，不仅可以减轻月经期的不适感，还可预防月经失调。

（四）适当控制运动量

月经期要注意休息，保持充足的睡眠，以增强机体抵抗力；避免剧烈的体育运动和重体力劳动。女孩若遇到月经期间上体育课，可以向老师说明情况，身体状态允许的话可以参加一些轻松的运动，如体操等。

（五）注意保暖

月经期身体抵抗力下降，盆腔充血，要注意保暖，避免淋雨、涉水、游泳，不用冷水洗澡、洗头、洗脚，也不要坐在潮湿和冰凉的地上。夏天不要喝过多的冷饮，以免受寒、着凉，刺激盆腔血管收缩，导致月经减少或突然停经，引发其他疾病。

（六）注意饮食卫生，加强营养

月经期间可吃些容易消化吸收的食物，如蛋类、瘦肉、豆制品、蔬菜、水果，同时还要多喝温开水。不吃生冷及辛辣刺激性食物，保持大便通畅，减少盆腔充血。

（七）做好月经周期的记录

通过记录可观察自己月经是否规律，也便于做好经前准备。如果月经没按日期来潮，提前或延迟时间超过 1 周应当去找医师咨询，以便及时发现问题。

三、关于痛经

有些女孩在月经前或月经期会感到下腹部阵发性疼痛，难以忍受。有时，疼痛还会放射到会阴部或者腰部，偶尔还可能伴有恶心、呕吐、尿频、腹泻，或者便秘等其他不适症状。腹痛剧烈时还可能出现面色苍白，手足冰凉，甚至昏厥。这在医学上称为“痛经”。痛经可持续几小时或几天，一般在经血畅流后疼痛也就缓解了。痛经严重而不能缓解的女孩，家长应立即带其去医院检查，在医师指导下可用药物缓解，但绝大多数的痛经无须治疗。

四、闭经

闭经就是月经停止来潮。闭经的原因很多，常见的有六种。

1. 精神因素，如考试前的紧张、焦虑，或者生气、恐惧、抑郁等情绪，都可能导致闭经。

2. 环境变迁，如南方同学到北方上学或北方同学去南方念书，环境变化，水土不服。

3. 寒冷刺激，如月经期淋雨受凉、游泳、吃生冷食物。

4. 营养不良。

5. 身体疾病。

6. 怀孕。

青春期少女一旦出现闭经，不管是哪种原因引起的，家长都应及时带孩子到医院寻求帮助。

五、白带

进入青春期的女孩，雌激素增加使子宫颈分泌液增多，此时阴道有类似蛋清样的黏液出现，此为“白带”。白带使阴道湿润，具酸性，可抑制病菌滋生。在月经期前后，因盆腔充血，阴道黏膜渗出物增多，白带亦会增多；在排卵期前或接近排卵期时会出现白带增多且拉丝的现象，只要没有其他症状或不适，都属正常现象。有些女孩白带带有黄色分泌物，并有臭味，这可能是青春期代谢旺盛，大阴唇皮肤下的大汗腺分泌汗液所致，也属正常现象。每天都需要用温水清洗外阴部，以减少病菌的滋长和入侵。

如果白带量过多，经常弄湿内裤或臭味很重，外阴奇痒，有的甚至白带经常带血，可能是由滴虫或者霉菌感染引起，也有可能是运动量过大或过度疲劳造成盆腔充血所致。究竟是何种原因，家长应带孩子去医院查明，以防疾病隐患。

六、会阴部的卫生

青春期女孩处于代谢旺盛阶段，汗腺和皮脂分泌较多，易湿润周围皮肤。大小阴唇皱襞部位容易积存污垢，较胖的少女更是如此。所以，会阴部的卫生十分重要。家长需要经常督促孩子做好如下事情：一是每晚用温水清洗外阴，一般不必用清洗液和消毒剂，以免外阴、阴道受到不良刺激；二是清洗外阴的盆、毛巾以及水要单独使用，不能与洗脚的盆、毛巾和水混用，也不要与他人混用；三是不要穿别人的内裤，女孩的内裤要选用透气性好、吸湿性强的棉织品；四是养成大便用纸从前向后揩擦的习惯，预防肛门处的细菌进入阴道。

呵护男孩

有男孩的家庭，家长也应该对男孩青春期保健的基本常识有所了解。男孩青春期生理保健主要是注意阴茎和睾丸的保健。

一、阴茎保健

包皮过长和包茎是男性青春期比较常见的情况。正常成年男性阴茎松弛时包皮不遮盖尿道口，包皮上翻时能露出冠状沟。“包皮过长”的情况是指包皮完全覆盖尿道口，但上翻时仍能露出尿道口和阴茎头。“包茎”则是指包皮口狭小紧包住阴茎，不能向后翻开露出阴茎头。

包皮过长的危害主要是影响包皮和阴茎头之间的清洁，容易发生“包皮阴茎头炎”，进而形成“后天获得性包茎”。正常情况下，包皮会产生一种带臭味的物质，呈乳白色豆腐渣状，此为“包皮垢”。包皮垢是细菌繁殖的温床。若不能及时将包皮上翻清洗干净，可能导致包皮和阴茎头发炎，出现局部红肿、刺痒或疼痛，这就是包皮阴茎头炎。炎症反复发作，则可产生纤维粘连、包皮不能上翻，形成后天获得性包茎。此时，若强行上翻，则可发生包皮嵌顿，使阴茎沟血液、淋巴回流受阻，阴茎头肿胀、发亮。这时家长需要立即带孩子去医院就诊复位，否则会发生阴茎头坏死。

包茎，一般是先天性的，但也有因阴茎头包皮炎症导致的后天性包茎。包茎的包皮囊内积存的包皮垢往往无法清洗，久而久之便形成结石。长期慢性的不良刺激，会引起包皮、阴茎头溃疡，与阴茎癌的发生也密切相关。包茎口过小还会发生排尿困难，尿液往往会积聚在包皮内，膨胀成球状物。

因此，家长要指导孩子养成每天把包皮翻上去清洗的习惯。如果青少年发生包皮阴茎头炎，家长要带孩子尽早去医院就诊。

包皮过长及包茎患者宜在儿童期进行手术干预。这种环切手术是小手术，不需住院，术后即可回家。手术对性功能和将来的性生活不会有任何影响，还能促进阴茎的发育。

二、隐睾

睾丸正常的位置是在阴囊内。如果阴囊内无睾丸存在，就称为“隐睾症”或“睾丸下降不全”。隐睾是男孩中一种比较常见的先天性畸形。男性胎儿睾丸生长时，位于腹腔，至胚胎 7 ～ 9 个月时，下降入阴囊。有些男孩出生时睾丸尚未降入阴囊，大多在出生后 1 ～ 2 个月内降至正常位置。还有些孩子是出生后 1 ～ 2 年睾丸才移入阴囊。如果到了青春期睾丸还未降入阴囊，在腹腔温度过高（36℃以上）时，睾丸生精细胞停止分化产生精子，会造成不育或产生癌变。家长发现问题应及早带孩子去医院做手术固定，最好不迟于 10 岁。一般可在 6 ～ 7 岁时施行隐睾固定术。

维护青春美

无论养育男孩还是女孩，家长都应该了解男孩女孩在青春期共同面临的健康问题，帮助孩子安全度过青春期。

一、面部皮肤护理

很多青春期的孩子脸上长出一颗颗红色的小疙瘩，此为“痤疮”，俗称“青春痘”，有碍美观，也经常发痒；不小心抓破时，还容易发生感染，形成疤痕，令孩子十分苦恼。

青春痘的发生主要是青春期皮脂腺分泌旺盛、毛囊皮脂腺导管堵塞等原因引起的。

父母应该提醒被青春痘困扰的孩子注意以下几个方面：首先要保

持面部皮肤的清洁卫生，经常用温水洗脸，可选用中性洗护用品，尽量少用偏油性的化妆品，一般每日洗脸 1 ~ 3 次，不要用手挤压患处，以防感染；其次，应少吃肥肉、甜品和辛辣刺激性食物，多吃蔬菜、水果，清淡饮食，且不宜饮酒和吸烟；此外，要经常洗头、洗澡，用抗菌皂可除去油脂，预防痤疮；如果痤疮严重，家长应带孩子去医院请皮肤科医生检查治疗；家长还要让孩子懂得，保持良好的情绪、充足的睡眠、合理的营养，也是面部皮肤健康的重要因素。

二、毛发的保护

家长需要提醒孩子注意头发护理。首先要经常洗头，注意头发卫生，每日梳理 2 ~ 3 次头发，以促进头皮血液循环，并可除去头皮屑，使头发保持清洁；其次是加强营养，从饮食中补充丰富的蛋白质、脂肪和维生素，以及微量元素，以促进头发生长并使头发保持光泽而不易损伤、脱落。

男孩要注意胡须的卫生保健。必要时可用干净、经过消毒的剃须刀修刮胡须，切勿用手指、镊子、夹子等硬拔胡须，以免引起毛囊发炎。

此外，腋毛、阴毛也要经常清洗，保持清洁卫生；保持充足的睡眠和适当的休息，这些都是青春期毛发保健的重要方面。

三、预防身体肥胖，保持健美体形

近年来，青少年的肥胖人数逐年增加。肥胖分两类：一类为病理性肥胖，是由各种疾病引起的；另一类为单纯性肥胖，是由于营养失调和运动量过少而引起的。青少年多为单纯性肥胖，绝大多数是饮食习惯不当以及营养过剩所致，另一部分人的肥胖则与遗传因素有关。

肥胖对身体健康十分不利。青少年期肥胖是成人期患原发性高血压、冠心病、糖尿病、高脂血症等疾病的危险因素，同时也会导致行动不便。预防肥胖首先应注意合理进食，一般原则是早饭吃好，午饭吃饱，晚饭吃少，定时定量进食，不应偏食；吃饭时细嚼慢咽，不暴饮暴食，少吃甜食、油腻食品；应以高蛋白、低脂肪、新鲜蔬菜水果，以及其他含有维生素及矿物质的食物为主；饮食既要摄取足够的营养以保证身体需要，又要注意适当节制食量；积极参加体育锻炼，保持适度的活动量，消耗多余热能，以避免体内热量过剩，转变为脂肪积聚起来而形成肥胖。

目前，在青少年中，尤其是在少女中间，又出现了另一个极端的倾向，即为了体形苗条而采取不科学的减肥方法，或不吃早饭，或不吃有营养的肉蛋类食物。这都是不可取的办法，会影响身心的正常发育，易导致内分泌紊乱、月经不调等；有的还造成厌食症或胃萎缩，严重威胁身心健康。

心理健康更重要

进入青春期的少男少女，需要正确应对生理上的改变和心理上的不适。为此，在家庭、学校和社会中为青少年成长创造良好的心理环境是十分必要的。作为父母，了解青春期孩子的心理发展特点，帮助孩子解决各种心理困惑是责无旁贷的。

一、建立良好的人际关系

父母应该教育孩子，以坦率真诚的心，构筑人与人之间的友爱之桥。要让孩子懂得，每个人生活在人群中，都渴望被人理解、接纳、关心和尊重。但这种关系是相互的，给予别人关心和尊重是获得尊重的前提。人与人的沟通是给予和获得友情、亲情的渠道。良好的沟通是以知晓自我、理解别人、尊重别人为基础的。关心别人，多为别人着想，体谅别人的困难，谦虚礼让，是保持友谊的关键。

父母要引导孩子尊重家人。孩子与家庭成员之间保持良好的沟通，有助于培养他们积极自信的人格。在和谐的家庭中，孩子遇到挫折或压力时会积极地向家人求助，不会感到孤立无援，行事偏激。良好的家庭氛围对孩子健全人格的发展具有深远意义。

父母应鼓励孩子多参与集体活动，学习与别人相处，在群体交往中，孩子可以学习如何与异性相处。结交异性朋友并不代表性或爱的成熟，但与异性交往却是个人成熟过程不可缺少的环节。父母禁止孩子与异性交往不是防止所谓“早恋”的好办法，只有正确引导和鼓励异性同学集体交往，才能让孩子真正了解异性，接纳自己。

二、保持健康的心理状态

心理健康是指一个人在生活中能保持愉快的心情、正常的智力、正确的认知、积极的进取心，以及适当的情感、恰当的行为和对周围环境具有良好的适应能力等。

（一）鼓励孩子积极求知，开发智力

青春期是学习知识的黄金时期，父母要激发孩子的求知欲和上进心。青春期是智力发展的高峰期，是创造力发育的最佳时期。青少年最易接受新思想、新事物，有强烈的好奇心和进取心，勇于探索和实践。父母要酌情为孩子“减负”，引导和鼓励孩子把学习看成一种乐趣而不是负担，才能使他们自觉完成学习任务。而教育上片面追求考分、升学率的弊端，会严重影响孩子的心理健康。近年来，教育部门已在实施“减负”政策，有助于减轻学习压力，促进学生的心理健康。

（二）培养孩子健全的人格

人格表现在对自己、对他人、对社会所持态度及其行为方式上，是比较稳定的心理特征。青少年期是人格培养的关键期，他们在儿童期已奠定了一定的人格基础，但仍有可塑性，还不到“江山易改，本性难移”的程度。此时的人格培养，既可以矫正儿童期留下的某些不足，又可以为培养出“理想类型”的人才奠定基础。然而遗憾的是，由于缺乏科学而系统的人格训练，目前我国青少年中心理和行为障碍者占到青少年总人数的30%以上。据调查，在中学生中普遍的人格缺陷有多种，包括自私、自卑、虚荣、任性、娇气、骄傲、孤独、抑郁、嫉妒、胆怯等。这已成为青春期健康教育面临的严峻现实和需要

承担的艰巨任务，需要由家长和教师共同配合来循序渐进地解决这类难题。

（三）帮助孩子适应环境

青少年生活在自然环境和社会环境中。自然环境千变万化，社会环境错综复杂，要想一生中都“万事如意”“一帆风顺”，几乎是不可能的。现代青少年常会遇到这几类矛盾。

1. 独立要求和依赖关系的矛盾。

2. 自主活动要求与教师、父母管束的矛盾。

3. 理想生活与现实条件的矛盾。

4. 消费要求与家庭经济能力的矛盾。

5. 满足个人欲望与遵守社会道德规范的矛盾。

父母需要经常提醒孩子，当条件不允许时，必须面对现实，自我克制；在挫折、失败面前也要努力保持积极乐观的态度。其实，克服困难、解决矛盾的过程，就是锻炼意志力、训练人格和走向成熟的过程。当然，知识在其中是很重要的，但形成了怎样的价值观，树立了怎样的人生观、世界观则更为重要。

三、保持良好的情绪

良好的情绪来自对人生积极乐观的态度，它包括自爱之心、自知之明、自制之力、自得之法等方面。

（一）自爱之心

自爱指自己爱惜本身的健康、荣誉和独特性。父母需要提醒孩子，当遇到挫折、困难或心境不佳时，要有自我克制、自我调节的意识和能力，要认识到消极情绪和悲观失望会损害健康。例如，女孩月经来潮时，可能情绪烦躁，此时若与同学或家人生气，可能会引起痛经或月经失调。因此，为了健康而学会调节情绪，便是自爱的表现。

（二）自知之明

自知之明是指能正确认识和评价自己，接受自己与别人的差异，懂得每个人在学习、生活、人际关系中都不可能事事如意。步入青春期的青少年，面对人生道路上的不平坦，往往缺乏思想准备。因此，父母要教导孩子学会在逆境中成长，经得起挫折和磨难，加强自我修养，遇到复杂的事要冷静分析，采取理性的办法去处理，逐渐培养起承受挫折的能力。例如，有的孩子升学考试落榜，但通过再考或自学成才的道路达到了自己的目标，这就是健康心理和人格素质的力量。

（三）自制之力

自制之力是人类特有的心理品质。一个人具有善于克服自身不良情绪、成功驾驭自己的行为以适应环境的能力，这就是自制之力。例如，上课时，有的人能全神贯注，专心致志；有的人却胡思乱想，心不在焉；同样遇到挫折和打击，有的人能控制自己的情绪，有的人却任凭情绪支配自己的行为。出现这些差异的重要原因之一便是个人自制力强弱的差异。自制力也不是天生的，要在生活实际中培养，家庭生活是培养孩子自制力的首要环境。

随着青少年身心的发展成熟和自身知识、智力的日益增长，自制力也会随之发展。但这种自发的自制力是比较脆弱的，容易受自身性格、欲望等，以及外界各种因素的影响，所以顽强的自制力是需要经过不断培养而逐渐增强的。

父母可以通过以下两个方面的努力培养孩子的自制力。首先，孩子需要树立崇高的理想，增强责任感。孩子应当用优秀的学业目标和远大的事业理想鼓励自己积极向上。其次，要让孩子学会自我调节，克制冲动。青春期易产生激情，激情有积极的和消极的，积极的激情可以激发人的潜能，消极的激情容易造成行为失误。所以无论是在顺利或挫折时，都需要自我调节以抑制消极的激情。

（四）自得之法

自得之法是指采取各种方法克服消极心理，排除内心的郁闷情绪。我国中医理论早就指出，怒伤肝、思伤脾、忧伤肺、恐伤肾等，即情绪致病的后果。父母应关心孩子的情绪状态，耐心而科学地指导孩子设法控制和调节自己的情绪。

1. 宣泄

将消极、激烈的情绪释放出来。青少年可以找自己的亲朋好友倾诉心中的烦恼和忧愁，给不良情绪找一个宣泄口；遇到伤心事痛快地大哭一场也可以宣泄心中的郁闷。

2. 升华

将一些本能的力量，如性欲或攻击性等内驱力，转移到其他事之上，这就是升华。例如，把被压抑的激情转移到自己喜欢的文体活动中，如写日记、写诗、读书、唱歌等，以这种形式来抒发自己的情感，释放压力，不失为一种“升华”超越的办法。

3. 补偿

当生理上或心理上有缺憾而感到不悦时，设法去弥补这些缺憾，从而减轻自己的不适感。例如，把激烈的冲动或不愉快的情绪转化为学习与工作上的进取心，从学业的优胜或事业的成功中得到补偿，这就是“发愤图强”。例如，有个男孩，其父母离异，他自己常常感到孤独和悲哀。后来他努力学习，结交知心朋友，最后以优异的成绩和良好的人际关系得到老师和同学们的赞许与尊重。他在班集体中得到了温暖，变得乐观自信，笑口常开。这就是补偿。

4. 转移

即把注意力从一种事物转移到另一种事物上，以减轻心理负担。当个人的愤怒、忧伤、恐惧等情绪不能缓解的时候，可以听一支悠扬的乐曲，看一场令人轻松愉快的电影，或散步、打球，换一个环境，便能冲淡或抵消一时的不良情绪，缓解心理压力。

第6章 给青春一片蓝天

进入青春期的少男少女，其人际交往显示出与儿童期明显不同的特点。儿童的交往几乎只具有娱乐性质，即寻找玩伴，他们尚无辨别与选择朋友的能力。而青少年交朋友，具有一定的目的性，有选择性，有内容考量。寻找认同感，确认自己的价值与身份，是青少年交往的一个重要目的。

如今，许多孩子进入青春期之后与父母也不大容易亲近，他们寻求同辈朋友的兴趣就容易转向家庭之外。在这方面，男孩更甚于女孩。青少年在家庭之外的生活渐渐与家庭生活分离开来，也与社会中的成年人世界产生距离。这种现象被称为青少年“亚文化”。在“亚文化”圈中，男女性别差异不是很大。从他们喜好的服饰、音乐、食品，到价值取向、言谈举止、娱乐方式、交往习惯等，都反映出青少年“亚文化”的某些特点。例如，某一个时期，少男少女对“二次元”文化的追捧，就是一种典型的青少年“亚文化”现象。青少年“亚文化”圈是青春期社会化过程的一个重要环节，它具有不可取代的特殊功能。若利用得好，可以补充家庭、学校和社区对青少年教育训练的不足；但若失去控制，“亚文化”也可能对个人和社会产生不良影响。

另一个值得关注的现象是青少年寻求与异性交往。这种交往也具有“社会化”的特殊功能。它不仅可以消除两性之间的神秘感，满足孩子的好奇心，缓解性心理压力，而且可以帮助少男少女自然地了解异性世界，在异性世界中认识自己，从而建立良好的自我意识、群体“认同感”、性别平等观念和责任心等，为日后的家庭生活和社会生活做好早期准备。

渴望同伴交往

孩子渴望与同龄伙伴结交朋友，建立同辈的友谊关系，这是一种重要的精神需求，尤其是独生子女需要得到同伴的认可和陪伴。

一、青少年同伴友谊的积极功能

同伴中有好友、挚友，也有兴趣爱好相同的社团成员。这类同伴有助于孩子参加课余活动，培养群体意识和荣誉感，学习人际交往的知识、智慧、方式与技巧，增强身份感、判断力、责任感、自尊心和自信心，以便更好地向成人认知能力和行为方式过渡。同伴关系也有助于孩子在社会活动中的安全保护，锻炼其成熟性。

青春期的孩子必然要寻求一种新的“认同”，这是因为他们处在心理上的“断乳期”。同龄伙伴可以帮助孩子顺利度过从家庭走向社会的困难阶段。例如，同伴之间往往比孩子与父母之间更容易分享彼此的观点、经验和感受，甚至更便于讨论某些“隐私”问题，排解不良情绪。尤其在现代社会中，父母都忙于自己的工作，很难有时间和精力跟孩子认真谈心和平等交流，加之代沟的普遍存在，所以孩子有良好的同伴关系是一大幸事。

青春期孩子的同伴情谊对于心理调节、增加社会适应能力的好处是显而易见的。一般朋友关系较为满意与和谐的青少年，在自尊感、体谅和关心他人的情感方面表现较好，孤独感、自卑感较少，在同学中较受欢迎和尊重，也能悦纳朋友。他们在学校里大多有较高的成就动机和较好的学习成绩。

总之，青春期孩子良好的同伴友谊关系有益于他们的心理发育、社交能力培养和学习进步。同伴友谊关系既有激励、示范、引导，又有制约、规劝、安抚等作用，是青少年社会化过程中一种自助和互助的有益助力。

二、父母关心指导，以防交友不慎

国内外的研究者都认为，健康的家庭关系是孩子在外交友、建立良好同伴关系的前提。

父母关系不睦、家庭关系破裂或代际关系紧张，会直接或间接影响到孩子对同伴的选择和同伴关系的性质。因此，家长要营造和谐温馨的家庭氛围，保持亲密的夫妻关系，平等的角色示范和良好的沟通技巧，言传身教，给孩子树立现实的榜样。父母还需知晓，孤独感对子女有多么消极的影响。父母要敏感地察觉到孩子的哪些行为举止是孤独感所致，要及早发现苗头，采取措施，把不良情绪和行为倾向消除在萌芽状态。

家长和老师都要关注青少年同伴之间友情的性质、结交的目的和他们在一起做些什么，这是为了避免孩子盲目交友，甚至卷入某种不健康或不安全的关系中。家长和老师应当告诉孩子，在朋友之间表达信任、友爱、支持等感情，并不是“本能”所为，而是需要学习和遵循一定原则和规范的。

评价同伴友谊是否健康的一个重要标准就是看彼此是否在友谊关系中得到了进步、成长。如果家长或老师发现孩子的同伴有不良的言行举止或有害的生活方式，应当劝告他们改正错误，或结束交往。如果发现孩子在同伴关系中遇到了困难或挫折，应当及时向孩子提供“援助”，帮助他们缓和矛盾，化解冲突。如果家长已无力救助陷入同伴关系危机中的孩子，则应当及时寻求学校老师或咨询专家的帮助，若发现严重问题，甚至要求助公安机关，以防不良同伴关系或同伴冲突酿成意外伤害事件。

珍惜异性友情

在与同伴玩耍中，儿童期的男孩女孩并无多少性别敏感性，而进入青春期之后，同伴交往逐渐带上性别色彩。他们从异性疏远走向异性吸引，与其性心理发育过程相一致。

一、少男少女交往的一般心态

少男少女交往中的一个普遍心态，就是希望得到异性的接纳、欣赏，从而增强自信心与自尊心。中小学时代的异性交往伙伴多是不稳定的，也无法做长久承诺，即使达到挚友、密友的程度，日后也可能会疏远。许多成人喜欢谈论中小学生的“早恋”，如果一定要说他们是“恋”的话，至多不过是一种初恋的尝试吧。初“恋”时，他们并不懂爱情。其实，大多数成年人，不也有过这样的体验与尝试的阶段吗?

与另一个人建立“友爱”的关系，使少男少女觉得增添力量，感到安全和自我价值的提升。如今在中小学生里，没有交上异性朋友的人甚至会自卑。少男少女们在互联网、影视等媒体的影响下，难免会幻想坠入“爱河”。所谓“早恋”现象增多，使家长和老师对处于青春期的孩子颇为担忧。

当然，大多数少男少女并没有为建立真正的恋爱关系做好准备，只不过是被浪漫爱情的神话诱惑而心向往之。实际上，少男少女的交往，大多数并不具有成年男女那种谈恋爱的性质。

二、少男少女交往的一般类型

观察现今中小学男女生之间的一般交往，大致可以总结出以下几种类型。

（一）娱乐型的交往

青春期的少男少女，其娱乐场所渐渐从家庭移向社会上的“亚文化”圈。他们在那里与志趣相投的同伴结识交往，其中自然也有异性伙伴。最理想的情况当然是有稳定而方便的娱乐组织和场所，使青少年能够经常进行集体交往。这种集体交往是在公开场合下进行的，学校应当尽力组织课外兴趣小组、参观、郊游等活动。在我国现阶段，由于交通、场地限制，加之学业压力、家庭经济环境差异等，使青少年在学校之外集体交友的机会较少。常见的情形是一个人只能保持一个或两三个交往伙伴，主要是同龄的同学。他们经常为了满足娱乐兴趣而约会或聚会，如一起看电影、听音乐、下棋、打球、参加生日派对、参观展览、逛公园、逛商场，或者纯粹聊天，交往中并无什么责任或义务的约束。当然，其中有的“玩伴儿”也可能建立较为稳定而持久的友谊。

（二）满足心理需求型的交往

青少年的某些特殊需求通过交友而得到满足，这是很自然的。前面提到，青春期少男少女有着接近异性的自然需求，“同性相斥，异性相吸”的磁场效应在此十分明显。尤其是某些青少年在学业上、生活上，或与家人、老师、同学的关系等方面有不如意或发生困难和矛盾时，更渴望得到同伴理解、关怀和同情。年龄相当、经历相仿的异性，容易设身处地、换位思考，对同伴的心境感同身受，往往最适合充当“安抚者”的角色；还因为异性同学带着“磁场”的吸引力和“情愫”的滋养进入求助者的内心，更容易产生劝慰、鼓励，乃至疗愈的功效。这种两性交往是在一方或双方的某和特殊处境下发生的，多半具有“心理救助”功能，不能与“恋爱”相提并论。但有些人以为，这时的“情感授受”者今后结合定会幸福美满。殊不知，一旦“时过境迁”，暂时的心理安抚和关怀救助大多不可能变为持久的情感，“受惠者”也不必以嫁娶来“报恩”。须知，结为长久的伴侣关系是远比暂时的“情感授受”复杂得多的人生抉择，不是在青春期就能够一锤定音的。

（三）寻求地位型的交往

有些青少年男女选择某个层次、某个圈子的交往对象，是为了追求一种荣耀，证实自己在群体中的威信或魅力，争取周围人对自己的较高评价，以满足个人的虚荣心。这是一种功利型的交往，与诚挚的友情相去甚远。

（四）社会型的交往

首先，青春期的少男少女自我意识增强，对自己的形象、能力、价值、前途等十分关注，也很重视自己在别人心目中的印象，尤其是在异性心目中的印象。这时，他们选择异性交往伙伴，以证实异性对自己的喜欢和欣赏，并比较同性和异性对自己评价的差异。其次，青少年通过交往，使自己有机会认识异性世界，学习怎样同异性相处，从中懂得一些社交礼节、交往规则、责任义务，塑造好自己的个性，提高社交能力和社会适应性。这种交往不局限于某一个异性，交往双方在年龄、家庭背景、学业以及其他方面并无严格的要求，而且交往对象容易变换，交往范围逐渐拓宽。“多个朋友多条路”，这种交往对个人的成长是有好处的。青少年男女在不断地交往与体验中，逐渐熟悉异性世界，也深入地认识了自己，从而为今后的“定向”交往打下基础，成为正式进入恋爱择偶阶段之前必要的训练和准备。

（五）提升智慧和增强自尊型的交往

虽然男女在智商上总体平衡，但在智力结构与方向上略有差异。例如，男性在逻辑思维、抽象记忆及空间感、距离感方面比女性有优势，而女性在形象思维、语言表达及记忆力等方面比男性有优势。男女同学交往，有助于取长补短，克服性别对智力全面发展的局限，有助于未来在更大范围内选择专业和职业。

青春期是自尊心和自信心发展的关键期。少男少女在异性同学面前最容易表现出自尊，尤其在心仪的异性面前，更怕丢面子。家长和老师都应重视这一点，千万不要在异性同学面前伤害孩子的自尊心。鼓励孩子与异性从容、大方地交往，有助于孩子培育、发展和保持自尊与自信。

总之，青春期的异性交往是少男少女的需求和权利。青少年的早熟和对异性的神秘感与好奇心，以及大众媒体对男女情感故事的渲染，都在促使他们更加渴望同异性交往及建立友情关系。在这方面，强行压制和“堵”“禁”都是错误的。老师和家长反而应当为实现孩子的交往需求创造条件，并加以适时、适度的鼓励和疏导，以帮助他们在交往中真正获益。

爱情属于明天

少男少女可在集体的交往中获得最有益的自我肯定和相互接纳。有充分集体交往活动的青少年，一般不易陷入“一对一”的两性交往之中。但因个体的性成熟程度存在差异，家庭环境及个人心理处境也不尽相同，有的青少年可能较早地开始寻求爱侣，常见的表现便是私下约会，但内心有所疑惑：我可以谈恋爱了吗？

一、什么是成熟性

如果只是为了交异性朋友而寻找与异性见面的机会，那是很正常的。但如果这种交朋友带有求偶的性质，那就需要严肃对待了，即要看其是否有了求偶的准备和恋爱所需的成熟性。所谓“成熟性”，就是一个人建立了相对稳定的人格，心理及生活上都相对独立，能体察他人的感受，能够关怀、照顾和尊重别人，有承担责任的能力和条件，能够把承诺付诸实践。

（一）相对稳定的人格

真正的爱包括正视两个人性格的差异，能照顾彼此不同的需求、利益及生活方式。为了能够在两个成熟的人之间建立和谐的关系，双方需要具有相对的匹配度。如果其中一方人格尚未定型，感情飘忽不定，那就很难建立深度而长久的关系。因此，双方在价值、需求、生活志向等方面达到真正相互了解、相互接受、相互承诺这种特殊的亲密关系之前，是谈不上所谓“爱情”的。

（二）心理上的独立性

衡量一个人心理上的独立性，要看其是否有能力独立抉择，能否承担起对他人的责任。在健康的爱情关系中，不是一方在心理上依赖另一方，而是双方都有能力去完善自己。相反，在不良的情感关系中，往往是一方为逃避难以忍受的孤独感或不如意的生活而迫使自己去依赖他人，放弃自我价值、自我意志而听任对方摆布或乞求对方恩赐。这种不自主、不对等也不自由的爱情关系，迟早会走向悲剧。

（三）体察他人

成熟的人要具有对他人的敏感性，要体察别人的需求、利益、观点和行事风格，从而尊重别人。没有这种体察就不可能完全接纳对方，不能给予对方适当的关心，不能与对方进行良好的沟通。这种情况在青春期的“恋爱”关系中尤其明显，因为青春期的少男少女基本还未脱离“自我关注”“以自我为中心”的不成熟阶段，难以做到体谅他人和谦虚忍让。

（四）关怀与尊重他人的能力

对于多数青少年来说，“爱”不过意味着得到某个人的安慰，以此来满足自己的心理需要，并且常常带有本能的性动机。然而，真爱实际上是需要奉献和牺牲的。如果没有关怀、体察和尊重别人的能力，那么这种爱就无异于利用他人的感情来满足自己的需求。

（五）做出承诺并付诸实践

爱情需要对所爱者做出坚定的承诺，并且有能力去兑现承诺。爱情的承诺通常是一生一世的，爱情大多以婚姻为归宿。“我爱你，但不与你结婚”是靠不住的爱。爱情要经历时间、空间的严峻考验，要不断地克服挫折和困难。真爱不仅是口头的表示，更是行动的体现。

没有足够的知识、智慧、意志力和信念，是担负不起爱情责任的，勉强承诺了，也无法兑现。这就是为什么有些宣称“我爱你”的青年男女，无法修成正果，最终尝受了“爱情”夭折的痛苦。

二、成熟的爱是一个发展的过程

尚未建立对爱的全面认识和严肃态度，就迫不及待地寻找“爱人”，这种情况在青少年中是不值得鼓励的。父母应当劝导孩子，在建立成熟的人格之前，要广交朋友，参与同性和异性的群体活动，而不要急于陷入“一对一”的单独交往，以免泥足深陷。通过更为自然的、从容不迫的公开接触交往，才能发现和考察某个人是否适合作为长久的伴侣。有时候，“一见钟情”也会使一男一女坠入爱河，但是真正的相爱和心灵的共鸣，在大多数情况下都是在彼此了解的过程中逐渐产生的。所以，青少年中的两性之“恋”，应被视为一种交往“练习”，从中学会把握分寸，不执着于主观的愿望，而要充分知晓双方各自的需求与感受。

家长和老师在孩子播撒爱的种子和培育爱的过程中应该扮演什么角色呢？在此讲述一个简单的故事，也许会对家长们有所启发。

某校高三一名男生，因父母离异而极度自卑，不仅学习成绩很差，而且不遵守课堂纪律。临近高考，他内心十分茫然。情人节那天，他在礼品店闲逛，见到许多同龄人在买“情人卡”，他也不由自主地买回一张。送给谁呢？别说“情人”，他连好朋友都没有。想了半天，他决定把这张“情人卡”寄给班里那个令他仰慕的女生，她成绩优秀，是班里的学习委员。他在卡片上礼貌地写了两句话：“想与你做朋友，但愿你不拒绝。”那个女生收到这张“情人卡”后，感到莫名其妙，就向妈妈说了这件事。妈妈这样回答女儿：“他处境不好，学习又很差，你作为班里的学习委员，难道没有责任帮助他吗？再说，人家就写了那两句话，没有不当的言辞，也无非分之意，为什么要拒绝同学的求助呢？”女儿觉得妈妈的话很有道理，就大胆地回赠了那个男生一张“情人卡”，其中写道：“谢谢你对我的信任！我愿意成为你的朋友。从下学期开始，我要和你一道努力，希望你能赶上班级的步伐。我相信你能够重新展现初中时代那份辉煌！”那个男生收到这张“情人卡”后，内心激动万分，立即给她写了封长信，倾诉自己的苦恼。他在信的末尾这样表示：“是的，我是班里最差劲的男生，对不起老师，对不起同学们，也对不起你。但是请你相信，从下学期开始，为了获取你的信任，我要成为班里最优秀的男生！”女生非常感动，回家与妈妈分享这份感动。妈妈赞赏地说：“异性同学之间的青春友情，原本可以是这样的。你才答应他做朋友，仅仅给了他几句鼓励的话，就使他有了如此大的变化。他为了家人，为了学校，都不曾下决心改变自己，却为了你要做最优秀的男生，不值得你做他的朋友吗？”如果家长朋友们都有这位妈妈的格局，那么，还会发生那么多青春期的孩子误入歧途的人生悲剧吗？然而遗憾的是，有太多的老师和家长，一提到少男少女有异性朋友，总有那么点焦虑、担忧，不惜举起“早恋”之棒去围追堵截。其结果，所谓的“鸳鸯”不仅没被打散，还造成了亲情敌对，转入“地下”，弄假成真，险情由此而生。难道家长们不可以学习那位妈妈的智慧，用“爱”的教育去唤起青少年的良知与责任吗？

三、约会与性爱

少男少女以约会的形式进行单独交往，多半并不带有成为终身伴侣的结婚目的，但也应当教育孩子不要把这种约会当儿戏。君不见，确实有些青少年把异性约会当作一种及时行乐的方式，因而在约会中注重满足个人的私欲，力求获得物质上的好处或生理上的快乐，也可能是把与异性约会作为摆脱空虚感、排解寂寞的途径。于是，一方把另一方当作服务于自己的物件或工具。从长远看，这种约会既不利于对方，也最终会伤害到自己。

其实，青少年的约会应当成为增进同伴友谊、相互分忧解难和促进彼此成长与成熟的必要机会。那么，群体的聚会在这方面的功能就大大优于只与某个人约会。实际上，从群体聚会中获得的良好认知和体验，也有利于个体约会中的分寸把握，以及降低交往风险。

少男少女的约会起初往往是没有明确目的的，彼此并无多少准备，只是觉得一起参加某些活动（如听音乐、看电影、逛公园）很愉快。只有当这种交往发展到一定程度后，彼此才会有一种稳定的陪伴关系。到了这个阶段，彼此的了解会加深，期待进一步发展友情。这是一个关键的阶段，有人开始幻想“永远不分离”，这种幻想是很自然的。但作为家长和老师，此时要认真地提醒孩子，让他们弄清楚这种幻想的根据是什么，是两个人外表的吸引力，还是对未来学习与生活的期待，是否彼此已经真正了解和接纳了对方的全部优缺点。有时候，少男少女交异性朋友是因为处于“心理断乳期”而出于对情感支持的渴望，潜意识中持续着青春发育初期的“恋父”“恋母”情结：女孩往往寻求一个替代父亲式的男子汉保护，男孩寻求一个母亲式的异性伙伴关怀。也有的少男少女交异性朋友不过是想减轻学习压力或缓解寂寞孤单之感。这几种情况，都与真正的“恋爱择偶”大不相干。

在“爱”与“性”的问题上，如今的青少年也有诸多困惑。这种困惑大部分来自对媒体信息和成人世界两性关系的反应。太多的网络视频和文章热衷于描绘与婚姻无关的“情”与“爱”，而某些不道德，甚至违法的关系及行为，又总是被蒙上一层“爱情”的神秘面纱。于是，青少年很容易把“爱情”与乱情、乱性关系混为一谈，盲目仿效，终为自己的游戏人生付出代价。父母应当告诫孩子，单纯满足欲望的两性关系不是爱。真正的爱当然也不完全是没有欲求的，但问题的关键在于，为满足当下或短暂的欲求，是否值得牺牲宝贵的青春时光甚至赌上人生的前途。尤其要让孩子明白，真正成熟的爱情，需要时间、耐性和真诚付出。家长还要告诉孩子，不应当以性关系去尝试或考验对方。也就是说，性关系最好建立在两个人决心并且有能力和条件承诺长期相伴的基础之上。常见的情形是，两个正在培育爱情的男女，冲动之下发生性关系，结果是得不偿失，事与愿违，感情反而走向了夭折。一方或双方也许觉得，原来“爱”是如此轻而易举的东西，有什么值得珍惜的呢？于是，来得容易去得快，贬值的“爱”终成敝屣。

就今天的中小学生男女交往特点而言，他们的交往还不具备建立终身伴侣关系的性质，但其交往又是他们社会化过程中不可缺少的环节。家长不应认为孩子应当步入社会再去交异性朋友；相反，从充分的两性交往中获得友谊、增长见识、修炼人格、促进成熟，同时缓解心理上和生理上的压力，然后从异性挚友中求索爱情，为爱与性的统一创造条件，才是最自然又安全的成长之路。

四、“坠入爱河”是怎么回事

大多数青少年可能以为，“坠入爱河”就是爱情。当一个男孩发现周围某一女孩外貌上有吸引力，就情不自禁地想与她接近。如果女孩此时正好也处于同样的心境，那么两人便很容易“坠入爱河”。身体内激素水平升高而导致的性欲冲动，在这个过程中变得异常强烈。

“坠入爱河”其实是一种性兴奋的体验。它使人如痴如醉，以致可以把内心的烦恼、孤独之感暂时抛到九霄云外。“坠入爱河”的两人仿佛生活在一个只属于他们的孤岛上，又仿佛躲进了一个世外桃源。当两人“坠入爱河”时，个体界限就突然消失了，仿佛你就是我，我就是你，简直是“二心同体”，强大无比、无往不胜。大多数少男少女对此都是求之不得的，尤其是对那些平素缺少关怀温暖、不被父母呵护和群体接纳的“边缘少年”来说，更是如饥似渴地寻求“坠入爱河”的感觉。

“坠入爱河”的体验通常是偶然或突然到来的，个人很难控制，因为这是一种起于性动机的“情绪潮”，而不是一种经过考虑而选择的行动。“坠入爱河”多半出于彼此的即兴需求，而很少是真正地关怀、信赖或相互理解和接纳的结果。青少年多半不切实际地期待“坠入爱河”的体验会长久地持续下去，然而遗憾的是，这种体验毫无例外均是短暂的、昙花一现的幻影。所以那些匆匆“坠入爱河”的男女，不是遭遇“呛水”的危险就是陷入“爱河”干涸的空虚，其结果都是心理上的伤害，甚至身体的受损。

当然，如果“坠入爱河”的双方能够适时地靠岸思考，弄清彼此的爱究竟出于什么动机，爱的关系怎样持续地、稳定地发展下去，双方有无共同的人生目标，遇到挫折该怎么办等，那么“坠入爱河”便可能成为真正爱情的起始点。这涉及双方人格的成熟性，但就中小学生而言，大多很难达到如此境界。

不尝“青苹果”

在青春期少男少女的交往中，“性”的问题是不可回避的。如前所言，青春期的性，具有生理、心理和社会文化的层面。人们最关注的当然是青少年男女可能产生的性关系。如今，性病和艾滋病的发生率偏高，使青春期少男少女的性关系更具风险性。

青少年对性交的态度和所采取的行为，与其说与生理因素有关，不如说与心理和社会文化因素的关系更密切。许多研究者发现，青少年的性关系常常是在某种特殊心理状态下，或在不正常的交往中，或在不良的家庭及社会环境影响下，或在接受不健康的媒体信息刺激后发生的。达到同样性发育程度的少男少女，其中谁会发生性关系，显然取决于心理与社会因素。一般来说，如果青少年能与家人保持亲密而愉快的关系，而家庭的氛围又良好而稳定，他们所成长的社区环境和结交的朋友们也对他们有良好、正向的影响，那么这样的青少年的责任感和自律能力较好，发生性关系的危险会少些。

一、青少年的性表现方式

迄今为止，我国的主流社会舆论仍然认为，男女之间的性交行为应在彼此承诺的伴侣关系中发生，因为它关乎个人的性健康、性安全和人生的长久幸福。那么，从十二三岁产生性欲望到二十多岁结婚这段漫长的“性待业”期，怎样才能更好地平抑随时都可能发生的性冲动呢？

首先，要学习必要的性知识，懂得性欲的产生是每个男孩女孩的自然生理现象，不必自我否定。男孩发生“梦遗”是正常的，不是“病态”，要消除耻辱感、紧张感和恐惧感。

其次，要采取各种方法疏导“性压力”，如专注于学习，为达到理想的目标而刻苦读书，多参加体育锻炼和文娱活动，与家人亲密交往，多与同龄伙伴群体在一起度过闲暇时光。

此外，异性同学多在一起交往，正如前面所说，并非都是谈恋爱。各种类型的交往活动，都能够在一定程度上满足青春期孩子接触异性的渴望。男女在一起散步、谈话、娱乐，都有助于“安全放电”，即安全地释放性压力。

诚然，有的青少年男女交往时间久了，彼此有较深的感情，抑制不住内心的激情或冲动，发生拥抱、接吻或其他身体接触的行为，只要不是性交行为，通常不会产生有害的后果。即使家长或老师有所察觉，也不必大惊小怪，不要去强化这种行为的道德含义，而视为一种心动之举，淡然处之即可。青少年本身也不必为此愧疚不安或有羞耻感，但要注意把握分寸和限度，不在公共场所为之。还要注意频繁的身体接触，可能加剧性冲动而不能自控。更不要以为这就是“爱情”，甚至由此许下终身。须知，因性冲动而驱使的身体接触，与伴侣的承诺还有很远的距离。

有些少男少女在某些特定的情况下（如看了互联网上或戏剧、电影中富于刺激性的片段之后），性冲动过于强烈，渴望及时进行性宣泄，因而采取手淫的方法。根据最新的科学研究，手淫并无特别的害处，它可以防止性乱交和性攻击行为。当然，手淫成癖上瘾是有害的，它会影响身体健康，使人不能专心学习，对正常的社会活动失去兴趣，甚至精神不振、人际关系冷漠等。前面提到我国著名医学科学家吴阶平教授的话，应成为对待孩子手淫行为的科学指导原则。

二、青少年性交行为的后果

对大多数现代青少年来说，应对青春期的性压力的确是个难题。有的人在整个青春期都陷入精神不振的状态，有的人则只有短暂的不适。青春期的性失误可能使某些人一辈子都摆脱不了由此而留下的阴影。据国内外社会学家的调查，许多年轻人后来走上吸毒、酗酒、自暴自弃，甚至卖淫嫖娼等歧途，可能与他们青春期性失误的经历有关系。因此，性失误是特别值得青少年及家长警惕的。

一般说来，青春期少男少女发生性关系既非真正的爱情使然，更与未来的婚姻不相干，而是在迷茫无知中听任性欲本能支配的一种轻率行为。科学研究和大量的实际例子都证明了青春期性交行为的有害后果。

第一，青春期性交行为妨害身心健康。青少年的首次性交经历一般是在无知、好奇、紧张、恐惧、担忧等一系列复杂的心情伴随下发生的。这种“偷尝禁果”的异常心理留下的阴影，可能导致后来的性轻率、性压抑、性反应能力降低，甚至性功能障碍。这又是婚姻中影响夫妻关系和谐的问题之一。

第二，过早的性交行为对青少年的人格发展不利。因为少男少女在心理和人格上尚不成熟，缺乏责任意识和自制能力，一旦打开性的闸门，就难以自制，可能导致性乱交、性攻击或其他性异常行为，偏离了他们人生成长的正常轨道。

第三，青少年性交行为往往是在没有安全措施的情况下冲动发生的，容易感染性病或意外怀孕，这给当事双方都带来心理创伤，女孩则要承受身体上的更大损害。有些孩子，也许对失误的行为不以为意，形成及时行乐、不负责任的不良品性；更有的人放荡不羁、走上违法犯罪之路自毁人生。

三、社会对青少年性交行为的态度

任何文明社会都有一定的性道德规范，用以保障正常的两性关系、个人的性健康与性安全以及良好的社会秩序。就像规定多少岁的孩子才能独自骑车上街或驾驶汽车出行，多少岁才能参加公民投票，哪些电影是“儿童不宜”等限制一样，对于男女的性交行为，也是有道德规范和法律约束的。在我国现阶段，青春期少男少女在交往中发生性关系是家庭和社会都不赞成的；社会对于恋爱中的男女在未确定关系之前发生性交行为也是不支持的。与14岁以下的孩子发生性关系的成年人，还要受法律的制裁；诱使少女卖淫，对少男少女的性骚扰等，均构成犯罪。

当然，家庭、学校和社会不赞成少男少女的性交关系，更重要的是出于对青少年健康的保护。近年来，在我国城乡社会中，少女意外怀孕、堕胎，甚至“孩子生孩子”的现象增加，已引起社会各方面的广泛关注和担忧；而性病、艾滋病近年来发病率偏高，更使人们有理由告诫青少年要洁身自好，自我克制。此外，父母应当在家庭教育中把必要的避孕知识传授给已达到性成熟和性活跃期的青少年。当然，传授的方式方法是有讲究的。根据北京、上海等地教育者的经验，在讲解“生命的孕育和诞生”的知识时，以合法夫妻控制生育为背景去传达避孕信息，孩子接受起来比较自然。这在第 1 章“三道防火墙”中已经谈到，就不在此赘述了。

第7章

男女平等不是口号

男性和女性的生理差异，源于生物遗传基因，从精卵结合的瞬间就决定了。但是男孩和女孩在其成长过程中和成年之后，具有什么样的性别心理、性别观念、性别角色及两性表现，究竟与两性的生理差异有多大关系，又与社会文化环境及家庭、学校、社会的教育影响有何相关，至今仍是学术界争论的话题。总的说来，人们倾向于认为，两性在心理品质、情感表达和角色行为等方面的差异，既与生物因素有关，又与后天的成长环境和学习过程有关；而在角色行为、社会参与、婚恋家庭观等方面的表现，则主要是社会文化及教育影响的结果。世界上300多年来的妇女解放和男女平等进程，代表了人类先进生产方式和先进文化的必然要求。我国早已把男女平等确定为基本国策，并通过法律加以保障。因此，少男少女接受性别平等观念的教育，对他们将来建立幸福家庭和适应社会生活及职场环境，都是有好处的。

女孩比男孩笨吗

人们很容易观察出，男孩女孩进入青春期之后，心理与智力的不同变化趋势影响到他们的某些心理和行为表现。

一、男孩和女孩兴趣偏好不同

据心理学家、教育家朱智贤的研究，男孩进入中学后，明显爱好理工科的学习，女孩则爱好文科的学习；在课外活动方面，女孩多半对小说、电影、戏剧、音乐、舞蹈等更感兴趣，而男孩对科技、政治、国际交流、体育竞赛等更感兴趣。美国生物学家莫内等人甚至做过试验，证明性激素确实对性别心理和行为有影响。

二、成就动机有差异

美国心理学家弗里茨·海德等人的研究认为，女性的成就动机容易被外在因素（如赞赏和奖励）激发，女性也容易把成功归于外因（如运气好），把失败归于内因。而男性相反，往往把成功归于内因，把失败归于外因。所以，男性成就动机一般较女性高。

三、社会情感和意志品质

社会情感是人的情感的主导方向，包括道德感、理智感、审美感等。研究表明，因女孩普遍比男孩成熟早：在各个年龄阶段，女孩对自身形象的关注程度都高于男孩，表现为比男孩对人生有更细致的思考。在善解人意、同情和帮助别人、关心集体等方面，女孩的自觉性和热情都明显高于男孩。所以，中小学学生干部中，往往是女孩多于男孩。

在意志品质方面，男女各有优劣。男孩大多性格较刚强、不拘小节、好动、好问，但又有冒失、任性、粗心、不耐烦等缺点。女孩有勤奋、认真、负责、踏实等优点，但又有胆小、优柔寡断、保守等缺点。

四、男孩和女孩的智力差异

研究表明，男女的智商是总体平衡的，因此，所谓“女孩比男孩笨”的说法并没有科学根据。但在智力分布上男女有所差异。例如，在感知能力上，女性优于男性；在专注力方面，男性优于女性；在记忆力方面，男性的理解记忆和抽象记忆能力较强，女性的机械记忆和形象记忆较好，女性的短时记忆也优于男性；在思维发展方面，男女差异也比较明显，男性更擅长抽象思维与逻辑推理，女性更擅长形象思维。此外，男女智力发展的年龄先后有所不同。从幼儿到初中阶段，女孩智力发展一般优于男孩；在高中阶段，男孩智力有赶超女孩的趋势；但在青春期结束后，女孩智力回升，两性差异减少。

为何高中女生成绩易下降

尽管生物学家做过关于性激素种类对大脑功能的成熟化、特长化、优势化方面有所影响的论证，但社会行为科学家仍坚信，两性智力、心理和角色差异是后天的社会文化使然，如果说其中也有生物因素影响的话，那就是生物因素有助于形成和扩大对两性不同的社会文化要求，并使男女自身易于接受这种要求。

一、部分高中女孩学习成绩下降的原因

心理学家认为，女孩从小学到初中，一般学习成绩都比男孩好，是因为女孩各方面的能力成熟均早于男孩；而到高中阶段，学科门类增多，对逻辑思维的要求提高，男孩的性格逐渐成熟，其优势得以发

挥；加之女孩性意识萌动较早，过分关注自我，在学习上容易分心。此外，进入高中以后，社会文化中的性别角色偏见也更多地影响到男孩和女孩的进取心。女孩出现的心理矛盾较多：是追求事业呢，还是走传统女性的道路？此时，老师和家长的指导就显得特别重要。而男孩的角色取向就没有女孩那样复杂和面临冲突。

二、智力发展的性别分布引起的误解

人们常用世界上的名人、伟人、科学家等大多是男性多于女性的例子，得出“女不如男”的结论。这种结论很容易被女生接受，形成心理暗示，使她们产生自卑感，压抑学习热情和主观能动性。情绪压抑和产生心理矛盾的女孩，容易放弃努力，就真的证明自己“不如男孩”了。这种消极的交互作用是十分明显和有害的。上海某中学曾对初三和高一、高二的学生做过调查，发现越到高年级，女孩越不自信，男孩又越有优越感。这种心理因素成为高中女生学习竞争中的不利条件。不过，近年来情形又有所改变：在就业竞争中，女性更容易受到不公平对待，使女生在压力下不得不更加努力去获取更高的学历文凭，所以高中和大学女生的学业优势在上升。

性别教育要与时俱进

一、必须澄清对男女智商的误解

国内外科学家对不同年龄的男孩女孩所做的智商测定均表明，男女总体智商几乎没有差异，但是智商最高和最低的人在男性中占比略高，大约各占 3%，这是一个很小的比例，可以忽略不计。

男女在智商发展上的差异指的是发展早晚不同、智力分布不同、智力特色不同。从现代各项事业对智力的要求来看，男女各有优势，如果把“情商”也作为智慧的一部分来看的话，女性的优势则更明显。

二、家庭和学校教育都有促进男女平等的义务

生理性别的社会文化塑造，是造成两性之间不平等的重要原因之一。在历史上，社会通过一整套制度规范、文化习俗、价值观念，对两性实行区别对待，由此而形成的差别要远远大于先天的生理性别差异。也就是说，那些被视为当然的两性社会差异，表面上看像是生理性别造成的，实际上是社会文化作用的结果。对两性做出优劣化的价值判断，以此为基点，顽固地认定了两性的不同，并将这些不同扩展到社会生活的各个方面。在此作用下，人们通常以性别来决定不同的劳动分工、工作待遇和晋升条件。因此，男性总是能够比女性获得更多的机会、利益和权力，而女性常处于弱势地位，易受社会文化的歧视。正因为如此，女性不能充分展示自己的价值和潜能，造成了女性成就动机较低和智力成就总体上不如男性的现象。

因此，现在的家庭教育和学校教育，应当彻底摒弃“男尊女卑”的观念，打破对性别认知的愚昧和偏见，让孩子以科学的态度去认识自己的性别优势和局限，悦纳自己，尊重异性。

家庭是孩子性别教化的首要场所。父母对孩子的性别期待、态度、指引、暗示等，给孩子的性别意识和观念留下了今后难以改变的印记。父亲和母亲的关系和角色示范进一步为孩子接受某种性别文化及性别角色提供了现实榜样。孩子的性别平等或不平等观念，首先是

通过父母言传身教进行代际传播的。因此，家长要谨言慎行，以身作则。

学校是传授性别平等观念和实践男女平等的重要场所。在这里，老师对男女生的态度，言谈举止之中流露的性别意识，赏罚措施中的性别偏向，以及老师自身的性别文化与角色展示，男女老师之间的关系和相互评价，都在对学生进行潜移默化的影响，更不用说历史、语文、英语等课程内容及其讲授中关于性别观念与性别价值的观点，都可能影响孩子的性别意识。

如今，某些大众媒体充斥着不科学、不真实、不准确，甚至不健康的性别文化与观念的不良示范，与男女平等的目标背道而驰。媒体常常在传播自相矛盾的性别期待。例如，有的片面宣传成功的“女强人”，作为职业女性的榜样；与此同时，又竭力夸大女性外在美的重要性，把女性工具化、商品化，“性化”，抹杀女性内在价值，辅之以女性就业面试中的“颜值”苛求，使年轻女性产生复杂的心理冲突。有些少女为此不惜进行“整容”手术，损害自然美和身心健康。这个问题应引起家庭、学校及社会舆论的足够重视。

孩子成年后，性别教化仍在继续，其结果已明显反映在他们的思想言行之中，他们将通过婚姻生活及社会活动向周围人传播自己所受到的性别教化成果。

第8章

青春路上有险情

青春期成长中的少男少女，就像挂在枝头上的青苹果，充满了生命活力，展现出清纯与美丽，但它们也可能遭遇严寒与风霜，还有病虫害的袭击。青苹果可能成熟为红苹果、甜苹果，但也可能经不住风吹雨打，掉落地上成为烂苹果。

家长和老师有责任呵护尚属稚嫩的青少年，但更有责任教导他们保护自己的安全和健康。

警惕“黄毒”污染

近年来，网络游戏及网站中的暴力淫乱内容，对青少年构成了严重危害。因为青少年对“性”怀有本能的好奇心、神秘感，又缺少辨别真假是非的能力和尚无完全控制情绪、行为的意志，很容易在色情信息的诱惑下，模仿、尝试、体验某些不合其年龄和身份的事情，甚至涉足犯罪活动。事实上，在未成年人的性乱交、性犯罪、酗酒、吸毒及暴力伤害的案件中，不良媒体信息是不可忽视的因素。

关于制作、复制、出版、贩卖、传播淫秽物品，我国刑法、治安管理处罚法等法律法规都规定了相应的处罚条款。近年来，公安部门大力查禁色情网站，并对通过网络平台传播和接收淫秽信息的个人进行惩处，最根本的目的是净化媒体环境，保护青少年不受侵害，并维护社会的文明秩序和道德风尚。

父母应当把“黄毒”的危害详尽地讲给孩子听，并通过具体事例来教育孩子与色情垃圾和淫秽读物绝缘。对初中以下缺乏自制力的孩子，父母必须做出强制性规定，严格禁止孩子接触网络色情和暴力信息，学校在这方面也应加强教育和监督，保护未成年人的合法权益。

防范性侵害

近年来，青少年遭遇性侵害的问题，已引起了社会各界的广泛关注。经反复讨论，性侵害作为违法行为，已被写入《中华人民共和国妇女权益保障法》和《中华人民共和国未成年人保护法》等相关法律法规之中。

性侵害是指一方在对方不自愿或不能自主的情形下，表现出使对方遭受性羞辱和性伤害的言行举止，从性挑逗的语言、姿势、身体触碰、强行拥吻、出示色情图片或影视镜头，直到通过引诱、欺骗或暴力手段与对方发生性关系。遭受性侵害的对象主要是未成年人，受害者以女性居多，但是男孩也可能遭受性侵害。性侵害可能是面对面发生的，也可能通过微信、电话、声讯、书信、电子邮件或网络聊天等途径。因此，帮助孩子知晓有关性侵害的信息，学习保护自己的常识和必要技巧，是孩子生活技能教育和社会适应能力培养不可缺少的内容。

一、预防性侵害

在坏人实施性侵害的企图与行动中，少女少男是“弱势群体”。他们幼稚、善良、羞涩、轻信，性侵犯者更容易把魔爪伸向他们，尤其是女孩。作为家长，应当根据已有的社会事实和经验，及早向孩子传达信息和提出要求，并且要切实履行监护责任。

（一）保持高度警惕性

如果遇到陌生人对孩子表现出异乎寻常的殷勤，无缘无故送孩子东西，约孩子单独见面或外出游玩，都要提高警惕，向孩子申明利害关系。

（二）穿着与身份相符

穿着打扮要符合孩子的身份，不穿过于紧、透、露的衣裤；发型、服饰，以及坐立行走姿势要大方得体，不给坏人可乘之机。

（三）注意出行安全

不去色情网吧、酒吧、咖啡吧、营业性歌舞厅等不适合青少年出入的场所；不与“网聊”的陌生人约会；晚饭后不要单独出门，不去单身者的宿舍，更不要随便在别人家过夜；不看色情书刊或影视作品；不搭乘陌生人的便车。

（四）单独外出需谨慎

除上学之外，孩子单独外出必须告诉家长去处、待多长时间，以及对方的联系方式。不要随便向陌生人透露自己的家庭情况和住址。

（五）不接受陌生人的食物，不占小便宜

不接受陌生人送的饮料、食品、烟酒等物品；不轻信广告、网络链接中那些“天上掉馅饼”的信息，以免上当。

二、对付性骚扰

父母要告诉孩子何种行为属于性骚扰，并告诫孩子，如果在学校遇到来自同学或老师的性骚扰，除自己要义正词严地拒绝、反抗之

外，回家要立即告诉家长，让家长出面找学校领导及时“排除险情”。

父母还要教会孩子，如果在公共场所遇到坏人骚扰，要大声训斥，用声音和表情镇住对方，让对方心虚而退却；如骚扰者继续纠缠，则要向周围人呼救，或跑向人多的地方，或向军人、警察求助。总之，在保证自己人身安全的前提下，要有勇气与坏人斗争。

父母必须让孩子知道，如面临意外、无力抗争时，要见机行事，动脑筋想出机智的办法摆脱骚扰，使自己不受伤害。事情过后，要告诉父母，并总结经验教训，必要时应报告公安部门。

有的孩子对性骚扰难以做到坚决抵制，态度不够明朗，性骚扰者往往会将此看成乐于接受的表现。也有的孩子存在侥幸心理，认为下次也许就不会发生了。实际上，性骚扰者往往会得寸进尺，贪得无厌。所以，不要抱有幻想，对性侵害要坚决予以反击，否则后患无穷。每位家长切记，要教导孩子在任何情况下先保护好自己的安全与健康。

三、假若遭遇强暴

在性侵害的各种形式中，最严重的就是强奸，也称强暴。无论坏人得逞还是未遂，都会给当事者带来严重的身心伤害。

首先，受害者是无辜的，不应产生自责心理；老师和家长知情后，也绝对不应加以指责或羞辱。其次，要明白强暴是违法犯罪行为，因此要尽快向当地公安部门报案，说明事件发生的时间、地点及所能记住的犯罪嫌疑人身上的特征，趁嫌疑人尚未远逃而为公安部门破案争取时间。有的女孩遭遇强暴后不敢吭声，赶快回家洗澡更衣。这样不妥，因为罪犯在受害者身上留下的体液或毛发等是最直接的犯罪证据。

事情过后，要在母亲或老师、挚友的陪同下，去医院做必要的检查。一是为了检查身体有无损伤等，以便及时进行医学处理；二是为了进一步取得证据，以惩治罪犯。

此外，受害者的心理救助也很重要。遭遇强暴是一种令人恐惧的经历。受害者可能产生耻辱、恐惧、焦虑、愤怒、悲伤等不良情绪。这是孩子在特殊遭遇下的应激反应。这时，来自亲人、朋友、老师的宽慰、关爱、理解、同情等心理援助是必不可少的。如果亲友的帮助仍不能抚慰受害者严重的心理创伤，就需要求助于专业的心理咨询师或精神科医生，以减轻受害者的心理压力，尽快让他们恢复正常的生活。

在遭遇强暴后，最不可取的态度是默默忍受，不仅会令自己身心伤害加剧，还会让施暴者逍遥法外。这样做等于纵容犯罪，让他们有机会去伤害更多的无辜者。所以，为了对自己和社会负责，受害者及其亲人应当及早报警，让施暴者受到法律的制裁。

第 9 章

珍爱生命

每个人的生命只有一次。创造生命的过程是伟大而奇妙的。青春期的少男少女应该知道生命意味着什么。家长给予了孩子生命，更应该引导孩子远离一切可能伤害他们的危险，使孩子生活在社会的环境中。

“生命杀手”艾滋病

近年来，我国制定了《中国遏制与防治艾滋病“十三五”行动计划》和《遏制艾滋病传播实施方案（2019—2022年）》等政策规划，注重在青少年中开展青春期性健康知识、艾滋病知识、无偿献血知识的普及教育。

“进行关于艾滋病及性病防治知识的健康教育是预防艾滋病及性病最好的疫苗。”这是人们与艾滋病及性病多年斗争中总结出来的经验。

艾滋病既然无法治愈，那么预防就显得尤为重要。把预防艾滋病及性病的相关知识告诉孩子们，使他们头脑中有一个明确的概念：什么是该做的，什么是不该做的，什么是可怕的，什么是要坦然面对的，等等。今天的中小学生终将长大成人，将会参加各种社会活动，如果他们能通过预防艾滋病及性病的教育，永远不受艾滋病、性病的侵害，这无论对他们本人，还是对其家庭和社会，都是非常有益的。

一、什么是艾滋病

艾滋病的医学全称为“获得性免疫缺陷综合征”（Acquired Immune Deficiency Syndrome），英文缩写为 AIDS，“艾滋”，即为这一缩写的音译。

导致艾滋病的病原体是“人类免疫缺陷病毒”（Human Immunodeficiency Virus），英文缩写为 HIV。

艾滋病是以破坏人体免疫系统导致其全面崩溃为特征的致死性传染病。艾滋病病毒进入人体后，会感染并破坏人体免疫系统中的重要免疫细胞——T 细胞，使 T 细胞数量大幅下降，免疫系统瘫痪，患者无力抵抗病毒感染和某些癌症的侵袭。目前还没有治愈艾滋病的特效药物，但及早接受规范治疗可以控制病情，延长存活时间。

二、艾滋病的流行现状

1981 年 6 月 5 日，美国疾病控制与预防中心（CDC）首次报告了 5 例艾滋病病例。随后，艾滋病迅速在全球蔓延。据不完全统计，2022 年，全世界有大约 3900 万名艾滋病病毒感染者。值得注意的是，其中 0 ～ 14 岁的感染者约有 150 万人。

我国自 1985 年发现首例艾滋病患者以来，到 2022 年年底，我国累计报告存活艾滋病病毒感染者约 122 万例。

三、艾滋病是怎样感染的

由于艾滋病病毒主要存在于人的血液、精液、阴道分泌物和乳汁中，所以任何能够使这些体液进入其他人身体里的行为都有可能导致感染。

人的皮肤和黏膜是一种天然屏障，但是这个屏障有时会有破损，如切伤、擦伤、生疮、溃疡等，这时如果接触了艾滋病患者或艾滋病病毒感染者的体液，就很容易感染艾滋病病毒。

艾滋病主要传播途径有以下几种。

（一）性传播

存在于精液、阴道分泌物、月经血液中的艾滋病病毒，可在性交时通过生殖器黏膜进入另一个人的体内导致感染。

（二）血液传播

1. 静脉注射毒品的人群共用注射器。

2. 输入含有艾滋病病毒的血液制品或移植含有艾滋病病毒的器官。

3. 使用被艾滋病病毒污染而又未经消毒的医疗器械、理发工具、文身工具、打耳洞器具等。

4. 其他可能引起血液传播的途径，如美容、修脚，与其他人共用剃须刀和牙刷等。

（三）母婴传播

已被艾滋病病毒感染的妇女，可能在怀孕、分娩、哺乳时将艾滋病病毒传给胎儿或新生儿。

研究证明，一般性的日常生活接触并不会感染艾滋病病毒。这些日常生活接触包括咳嗽、打喷嚏，与艾滋病患者或艾滋病病毒感染者握手、拥抱、礼节性接吻、一起游泳、一同进食，共用饮具、餐具、浴盆、浴池和电话机等，甚至接触到艾滋病病毒感染者和艾滋病患者的泪水、唾液、汗液、尿液、粪便等，只要其中不混有血液或炎性渗出物，也不会造成艾滋病病毒的感染。在学校、工作地点或其他公共场所与艾滋病病毒感染者的接触也不会感染。因此，与艾滋病患者或艾滋病病毒感染者在一起进行正常的工作、学习都是安全的。

对于蚊虫叮咬能否传播艾滋病病毒的问题，可以肯定地做出回答：不能。迄今世界上尚无蚊子传播艾滋病病毒的例证。

四、艾滋病患者和艾滋病病毒感染者

艾滋病患者和艾滋病病毒感染者是有区别的。艾滋病病毒一进入人体，人的免疫系统就会同它作斗争。病毒在人体内的繁殖需要一定的时间，对免疫系统的破坏也是一个渐进的过程。人的免疫系统在病毒刚侵入时还不会受到严重破坏，其功能也不会受到严重影响，因而不会出现什么症状（有的人可在受到艾滋病病毒感染后 2 ～ 4 周内出现一些类似感冒的症状），这样的人被称为“艾滋病病毒感染者”。

随着艾滋病病毒在体内的繁殖，对免疫系统的破坏力会与日俱增。当艾滋病病毒感染者的免疫功能被破坏到一定程度时，一些病毒、细菌就会乘虚而入，使受感染者发生严重的腹泻、肺炎，以及其他一些严重的传染性疾病和肿瘤等多种病症。这时，被感染者就发展成艾滋病患者了。

已受艾滋病病毒感染而无症状的人，也能传播病毒。那些貌似健康的带毒者，在传播艾滋病病毒的过程中扮演着活跃的角色。他们可能长期不知道自己感染了艾滋病病毒，因而不知不觉地殃及了别人。

从受艾滋病病毒感染到发展成为艾滋病患者这段时间，称为潜伏期。这一时期长的可达 10 年以上，短的也有 1 ～ 2 年。潜伏期的长短受进入体内病毒数量的多少、感染者体质状况，以及感染后的生活质量和医疗条件等诸多因素的影响。

五、艾滋病的危害

艾滋病肆虐是一个社会问题，每个社会成员都有可能成为艾滋病流行的直接或间接受害者，其危害有以下几方面。

（一）对个人的影响

感染者一旦知道自己感染了艾滋病病毒，会产生巨大的心理压力；当发展成为艾滋病患者时，健康状况会迅速恶化，身体要承受强烈的痛苦，并且最终会丧失生命。

（二）对家庭的影响

由于艾滋病主要侵害那些年富力强的成年人，而这些人又是家庭经济的支撑者，因病无法工作，还要支付高额的医疗费用，会使家庭经济状况迅速恶化。艾滋病患者和艾滋病病毒感染者的家庭成员心理负担沉重，求医代价高昂，往往导致亲情危机，甚至家庭破裂。

（三）对社会的影响

被艾滋病侵害的大多数人处在青壮年，是社会发展与文明建设的承担者，艾滋病一旦蔓延，必然对社会经济带来巨大损失。艾滋病会降低人类平均预期寿命，给人类健康带来严重威胁。

六、艾滋病的预防

科学研究和实践证明，艾滋病是完全可以预防的。对个人来说，在掌握有关艾滋病知识的基础上，预防艾滋病要做到以下几方面。

（一）预防性交感染艾滋病

近年来，国外一些专家在总结预防性病和艾滋病经验的基础上，提出了预防性病、艾滋病的“ABC”原则。

“A”是英文“禁欲”（Abstinence）的第一个字母。也就是说，如果人没有性行为，感染艾滋病的危险就会大大减低，甚至降到零。

“B”是英文“忠诚”（Befaithful）的第一个字母，是伴侣双方要相互忠诚。多性伴侣者的性交行为，会使交叉感染的风险大大增加。

“C”是英文“安全套”（Condom）的第一个字母。正确使用安全套可在一定程度上减少感染艾滋病的危险。在不明确对方是否感染艾滋病病毒的情况下，应坚持正确使用质量可靠的安全套。

（二）预防经血液传播艾滋病

1. 需要输血时，要求使用经艾滋病病毒抗体检验合格的血液及血制品。

2. 使用一次性或经严格消毒的注射器。

3. 不去无行医执照的私人诊所注射、输液、拔牙等，不去打耳洞、文身。

4. 不用未经严格消毒的器具打耳洞、文身、美容，不与他人共用剃须刀和牙刷。

5. 不可染上吸食毒品的恶习，更不能与他人共用注射器静脉注射毒品。

另外，虽然我们知道，与艾滋病病毒感染者的一般生活接触不会感染艾滋病病毒，但如果在家庭、学校或工作场所中碰到一些意外情况，如出血等，需要知道如何正确处置，绝对不要让自己的皮肤接触他人的血液。

6. 对沾有血液的物品可以采取如下消毒办法。

第一，焚烧，如纸类、经期卫生用品等。

第二，用消毒剂清洗（最好使用含氯消毒剂，如漂白粉或家用漂白消毒剂稀释），尤其适用于对地面、桌面等的清洗。

第三，对衣物等布类物品的处理，要放在防渗漏的口袋中运送，用开水和洗涤剂单独清洗半小时以上。

（三）预防经母婴传播艾滋病

1. 有感染艾滋病病毒嫌疑的妇女，在怀孕前或怀孕期应考虑做艾滋病病毒抗体检测。

2. 感染艾滋病病毒的妇女要尽量避免怀孕和哺乳。

七、怎样对待艾滋病患者和艾滋病病毒感染者

艾滋病病毒感染者或艾滋病患者是疾病的受害者，大多是无辜的。社会的歧视和排斥使他们觉得更加孤立无援，甚至失去继续生存的勇气，这不利于患者的救治。另外，艾滋病病毒感染者或艾滋病患者在被家人、朋友和社会抛弃的情况下，可能自暴自弃，甚至有人会报复社会，祸及他人。这对于预防和控制艾滋病是极其不利的。此外，社会的歧视还会导致一些事实上感染病毒的人不敢去医院检查和救治，一来贻误自己的救助时机，二来殃及更多的人。所以，关爱艾滋病病毒感染者和患者就是关爱自己及关爱社会。现在，我国已经在《艾滋病防治条例》中明确规定，禁止歧视和排斥艾滋病病毒携带者和患者，维护他们正当的工作与生活权利。

1988 年，世界卫生组织将每年 12 月 1 日定为“世界艾滋病日”，是全世界人民同艾滋病作斗争的统一行动日。它意味着要让全世界知晓，艾滋病是能够被预防和控制的，并教育人们对艾滋病患者要同情、理解和关怀，以促进全人类和平、健康和发展。

1991 年，美国一位艾滋病患者死亡时，人们从四面八方赶来聚会，将无数根红丝带从空中撒下，徐徐飘落在死者身上，以表示对死者的理解、关爱和同情。从此，红丝带逐渐成为呼吁社会关注艾滋病防治，理解与关爱艾滋病病毒携带者和患者的国际性标志。

八、性传播疾病

（一）什么是性传播疾病

性传播疾病主要是指通过性接触及相关途径传染的疾病。目前，已有 20 多种性病被世界卫生组织列入性传播疾病。在我国常见的性病主要为淋病、梅毒、尖锐湿疣、生殖器疱疹、非淋菌性尿道（宫颈）炎、软下疳、性病淋巴肉芽肿和艾滋病。这 8 种性病具有极强的传染性，被列为重点防治对象。性病的症状多种多样，但大多有生殖器部位的瘙痒、红肿、疼痛、分泌物增多及异味等症状和体征。

目前，性传播疾病的发病率在全世界范围内都呈上升趋势，其原因主要与以下因素有关。

1. 性生活年龄提前，有性行为的人口基数大。

2. 婚姻观念和性道德观念的改变，非婚同居现象增多。

3. 流动人口增加，卖淫嫖娼难以禁止。

4. 避孕方法的普及，减少了对性交行为后果的顾虑，因而婚前与婚外的性行为较多。

5. 同性恋者的多性伴性关系，也增加了性病感染的风险。

（二）性病的传播途径

1. 性行为或皮肤接触传播。这是主要的传播方式，占性病患者的95% 以上。

2. 通过接触被患者分泌物污染的衣服、被褥和器具，包括水杯、浴盆、坐便器、浴池也可传播性病，这就是为什么一人得病可能导致全家感染。

3. 血液和血液制品传播。梅毒、淋病等均可通过血液传播。

4. 围产期母婴传播。感染性病的母亲可经宫内、分娩和产后感染胎儿或婴儿。

5. 医源性传播。医疗器具污染或消毒不严也可造成感染。

（三）性病的预防

一般性病虽不像艾滋病有致死风险，但对人类健康威胁也很大。梅毒到了末期也会导致死亡，生殖器疱疹具有潜在致癌因素，性病患者也更易感染艾滋病，所以预防和控制性传播疾病的任务也十分紧迫。

性病虽然种类较多，但它们的共同之处就是大多可通过性接触传染，因此，预防艾滋病的“ABC”原则对预防性病同样有效。

另外，日常生活中不要使用未经严格消毒的公用坐式马桶及浴盆、浴巾等。万一不慎染上性病，要及时到正式登记注册的正规医院接受治疗，并保证全程足量用药，以便尽快治愈。切不可为保“名誉”而求治于非法医疗机构。

另外，在性病治愈前，应注意与家庭成员做好隔离。

九、通过多种渠道对青少年进行预防性病和艾滋病的教育

在预防性病、艾滋病教育方面，学校是主渠道、主阵地。除开设专门课程外，还要运用主题班（队、团）会、征文比赛、文艺汇演（自编自演）、辩论会以及广播讲座等形式和活动，将预防性病、艾滋病知识渗透到语文、数学、科学、英语、道德与法治等各门课程中，是行之有效的教育途径。而中小学生的家庭教育中，也需要加入预防性传播疾病的内容。学校、家庭及社会要结合起来，特别是教师和家长更要密切配合施教。学校还可通过“给父母的一封信”、家长会等进行辅助教育。

预防艾滋病教育同生活技能等教育相结合，已被证明是更为行之

有效的办法，同时也是从根本上预防艾滋病的方法。

所谓生活技能教育，广义上讲，就是培养青少年正确处理日常事务的心理—社会水平。

生活技能教育主要包括以下三方面的内容。

1. 社会和人际交往的技能（包括交流、拒绝技巧，决断和“同理心”）。

2. 认知技能（包括做决定的能力，批判性思维，以及自我评价）。

3. 处理情绪的技能（包括调节压力和自我控制）。

总之，生活技能教育就是通过各种教育活动，提高青少年的心理素质和适应社会生活的能力，帮助他们正确认识自己、他人和周围环境，充分发挥个人潜能，适当地调整自己的心态和行为，建立健康的生活方式，以达到最佳的发展状态和良好的社会适应性，从而预防问题行为的发生，确保健康的身心和健全的人格。

毒品毁灭青春

毒品损害健康，危及生命，对个人、家庭、社会的危害是巨大的。青少年正处于生理发育和人格建树的重要时期，心理防线薄弱，好奇心强，判断是非能力差，容易成为毒品侵害的对象。

据有关部门调查，在我国的吸毒者中，35 岁以下的青年和少年占 80% 以上。而且，近年来新型毒品披上软糖、饼干等休闲食品的美味外衣，使青少年染上毒瘾，吸毒人群的“低龄化”确实令人担忧。

一、什么是毒品

《中华人民共和国刑法》第三百五十七条中明确规定，毒品是指鸦片、海洛因、甲基苯丙胺（冰毒）、吗啡、大麻、可卡因以及国家规定管制的其他能够使人形成瘾癖的麻醉药品和精神药品。

二、毒品的种类

根据毒品对中枢神经系统的不同作用，一般可将毒品分为镇静类、兴奋类和致幻类（使人产生幻觉、妄想等异常精神活动）。另外，还可根据不同的加工方法，将毒品分为从植物中直接提取和加工而成的毒品（如海洛因、可卡因、吗啡、鸦片、大麻等）与人工合成的毒品（如冰毒、摇头丸）两大类。

三、毒品的危害

毒品的危害是巨大的，归纳起来，大致有以下几个方面。

（一）对个人的危害

吸毒者毒瘾日增，中毒程度越来越深，身心健康被摧毁，有的因过量吸毒而直接死亡，有的因呼吸系统、循环系统、消化系统或神经系统并发症而死亡。

吸毒者的生殖系统也会受到损害，他们不但难以生育，女性怀孕后，胎儿也很难正常发育，畸胎率很高。吸毒孕妇容易早产，其中很大一部分新生儿生下来就有毒瘾，成为“海洛因儿童”。孕妇在孕期吸食大麻，其孩子患罕见的幼儿白血病的机会高出普通婴儿10倍，患癌症的概率是其他儿童的2～5倍。

有资料表明，吸毒者的平均寿命较一般人短10～15年。25%吸毒成瘾者会在开始吸毒后10～20年内死亡。吸毒人群的死亡率较一般人群高15倍。现代医学证实，年轻时染上毒品的人，一般寿命不会超过40岁。

绝大多数吸毒者都会走向人格扭曲、道德沦丧，表现为极度自私、不负责任、不知羞耻、撒谎欺骗、孤僻抑郁、冷漠无情等。

（二）对家庭的危害

吸毒所需资金巨大。吸毒就等于吞噬家庭财富，即使有万贯家产的家庭，也会迅速变为贫穷之家。吸毒还会造成家庭破裂，一人吸毒，不但全家遭殃，就连亲戚朋友也不得安宁。

（三）对社会的危害

吸毒与犯罪密不可分。“十毒九盗”“十毒九娼”就是对吸毒和犯罪关系的真实描述。吸毒者为获取毒资，往往置法律于不顾，不惜行骗、偷盗、抢劫、卖淫，甚至行凶杀人或参与贩毒，严重危害人民生命财产安全和社会秩序，严重妨碍国家的经济建设和精神文明建设。

四、吸烟酗酒有损健康

烟和酒都是有害健康的，因为香烟中的尼古丁和酒类中的乙醇（酒精）都具有兴奋或麻醉神经的作用，使人成瘾，造成人体免疫机能降低而导致各种疾病。据调查，在成年烟民中，3/4 的人是在 15 ～ 24 岁这一年龄段学会吸烟的。换句话说，青少年在初中、高中至大学阶段，很容易染上烟瘾，并且终生难戒。

由于青少年自控自律的能力较差，一旦沾染烟酒，极易上瘾，造成病态的生活方式和人格缺陷。

酒精是世界上最久远、最常见的毒品。酒精影响身体的每个系统，即使是少量的酒精也会严重地改变一个人的判断力与识别力。无数的研究报告显示，饮酒与暴力攻击、性犯罪、未成年犯罪、对配偶或子女实施家庭暴力等存在必然联系。

酒中除含乙醇外，还含有醛类、酮类和酯类，都是对人体有害的物质，并且主要作用于肝脏和大脑，可导致肝细胞解毒能力降低。长期饮酒会使肝功能异常，易导致脂肪性肝硬化。酒精进入人体后，对“人体司令部”——大脑产生抑制作用。当血液中酒精浓度达到0.1%时，一般人就会失去自制能力，言语不清，干扰大脑的判断和对运动的协调能力。

吸烟饮酒对青少年的危害更大。因为青少年正处于身心发育的旺盛期，器官发育还不完全成熟，身心比较娇嫩，对外界刺激较敏感，烟酒中的有毒物质更易被吸收，因此对心、肺、脑、肝脏功能的损害更大。

青少年渴望成熟，渴望得到社会的承认。但在社会环境和不良媒体信息的误导之下，他们很容易把吸烟饮酒当作时尚，视为显示成熟的象征，因此很容易步入“瘾君子”的行列。饮酒不知节制也造成了许多人间悲剧。中央电视台曾报道过一名山西的高中生，在同学的生日宴会上，由于过量饮酒导致酒精深度中毒，经抢救无效死亡。试想：一个活生生的生命，一个有着锦绣前程的少年，转瞬之间死于酗酒，这不是令人痛心的悲剧吗？他死后，他的父亲还大惑不解地问：“怎么吃饭就会吃死人了呢？”可见有人对酒精的毒害是多么无知。

五、加强教育，让孩子远离毒品

截至2022年年底，我国现有吸毒人员112万名，其中35岁以下的人群中青少年占大部分。他们是怎样走向吸毒的万丈深渊呢？一项对吸毒原因的调查结果显示：好奇心驱使占 84.4%，被他人引诱占 10.8%。另外，不辨是非的模仿、精神空虚而寻求刺激、遭遇挫折后缺乏抗争的意志、朋友的负面影响等，都是青少年吸毒的重要原因。尤其令人深思的是，大部分吸毒者之所以染上毒瘾，是由于对毒品的无知。国家禁毒委员会曾对隶属于北京市公安局的北京安康医院收治的 96 名戒毒者进行匿名问卷调查，结果显示：42.1% 的吸毒者在吸毒以前并不知道毒品为何物；71.6% 的吸毒者在吸毒之前没有看过有关禁毒的宣传资料；92.7% 的吸毒者在吸毒前不了解国家的禁毒法规。有 60.2% 的吸毒者表示，假若在第一次吸毒前就知道毒品的危害，他们根本就不会去沾染毒品。由此可见，愚昧和无知是导致青少年沾染毒品的主要原因。

父母要从以下几方面教育孩子坚决、果断地拒绝毒品。

首先，让孩子深刻认识毒品的危害性，从心理上构筑坚固的拒毒防线，并坚决地拒绝“第一口”，这是远离毒品的关键。一位戒毒者在痛陈自己的吸毒史时悔恨地说：“我是因为有了第一口，才走到了这一步。”的确是这样，拒绝了第一口，才不会有第二口；吸了第一口，很难没有第二口。

其次，要督促孩子建立并保持积极健康的生活方式。做到平时努力学习，讲究卫生，合理营养，保证足够的睡眠，坚持锻炼身体，积极参加集体活动，保持心情愉快等，这样就会极大地降低接触毒品的风险。

另外，要培养孩子建立良好人际关系的能力，谨慎交友，避免被他人引入歧途。同时，一定要打消对毒品的好奇心，不要盲目地模仿。要让孩子明白，毒品是“尝”不得的，现实中有人过分地相信自己的自制力，以为尝试一下毒品没关系，自己会凭着毅力避免上瘾，结果一尝便落入了陷阱，走向了深渊。“试一试”的想法是非常愚蠢、轻率、危险的。研究表明，服用海洛因一两次，就足以使人成瘾，即便“摇头丸”等的成瘾速度也非常快。因此，千万不能心存侥幸地去“试一试”，否则“一朝吸毒，终身戒毒”。朋友的负面影响是青少年吸毒的一个重要原因，一个吸毒者会引发周围数名青少年一起吸毒。大多数吸毒的青少年第一次都是从朋友那里获得毒品的，吸毒地点也是在朋友家。因此，家长和老师要特别注意教育孩子谨慎交友。

还有研究表明，青少年的家庭环境、家长的自身健康和心理状态，以及所处的社会条件如何，与他们的孩子是否走上吸毒之路有密切关系。因此，父母要以身作则，树立榜样，创造良好的家庭环境，给予孩子足够的关注，并密切配合学校，教育孩子远离毒品。

一些毒贩将毒品伪装成药品、保健品，吹嘘它有解除烦恼、提高学习效率等功效，以此来引诱孩子吸毒。家长不仅要自身提高警惕，为孩子把好关，还要教育孩子提高警惕，拒绝诱惑。同时，在日常生活中还要注意，孩子若生了病，一定要在医生的指导下用药，还要教育孩子不要食用陌生人给的食品等。

此外，禁毒教育要与禁烟教育相结合。除了要讲明香烟本身的危害之外，还要让孩子知晓，从吸烟到吸毒有时只有一步之遥。

父母要教育孩子树立“吸烟不酷，健康才美”的观点，并学习和掌握一些拒绝吸烟的方法和技巧，使孩子果断、巧妙、坚决地拒绝吸烟，要用拒绝“第一口毒”的勇气和决心去拒绝“第一支烟”。要告诉孩子，在拒绝吸烟时，技巧与决心同样重要。如果有人劝你吸烟时，首先，要礼貌地用“不会”“谢谢”等语言谢绝；其次，可以设法转移话题或者借故离开；最后，可以找些借口，如“我正在生病，不能吸烟”等。在拒绝吸烟的同时，还要冷静地告诉劝自己吸烟的人有关吸烟的诸多危害，并劝说对方也不要吸烟，让其知晓自己不吸烟的决心。在日常生活中，尽量不交吸烟的朋友，为自己营造一个“无烟环境”很重要。

作为父母，除了自身要坚决反对毒品外，如果不吸烟、不嗜酒，就会给孩子树立一个好的榜样。另外，营造一个温馨、和睦的家庭环境，也有利于孩子远离烟酒、毒品。

第10章

亲子关系

如何处理和青春期孩子之间的亲子关系，概括起来就是——了解、理解、尊重、信任和宽容。面对青春期的孩子，家长要正确引导、指导，而不是强加、压制。青春期孩子的成长需要时间、需要等待；青春期孩子家长更需要耐心、需要包容。

父性教育、母性教育对孩子成长的意义

一、父性教育与母性教育

父性教育指的是给孩子提供具有父性角色特性的教育。通俗地说，由具有饱满的父亲角色的人来实施、体现父亲人格的家庭教育。父性教育不等于父亲教育，即父性教育也可以由除父亲本人之外的其他男性来担当。

母性教育指的是给孩子提供具有母性角色特性的教育。和父性教育一样，母性教育也不等于母亲教育，也可以由除母亲本人之外的其他女性来担当。

父性教育与母性教育加在一起，才是完整的家庭教育。父性教育与母性教育的特点，与男女性别的特质是对应的。母亲照顾孩子时更注重情绪、情感及人身安全；而父亲喜欢培养孩子的竞争能力和挑战勇气，以及创新、冒险和独立精神。

母性教育属于家庭教育的“坤道”，相对柔和，具有慈祥温柔、细致体贴、注重感性的特点；父性教育属于“乾道”，相对阳刚，具有刚毅果断、强健有力、个性不拘小节、注重理性的特点。这对于完整人格的养育而言，是相辅相成、相互补充的。

二、父性教育与母性教育缺失的影响

孩子的健康成长需要同时汲取父性、母性的营养，缺失了任何一方，发展都是不完整的。现在很多孩子在性格上存在某些弱势，都与父性教育和母性教育的缺失有关，而且这些影响可能会伴随孩子一生。

（一）母性教育缺失的不良影响

母性教育缺失主要指孩子童年时期失去母爱，缺少母性对自己的关爱和教育。美国心理学家埃里克森的“人格发展八阶段理论”中讲到，儿童在出生至18个月时通过感官去认识世界，从母亲的形象中去信任世界。如果得到了母亲的关怀和爱抚，生理需要得到满足，他就会感到安全，从而对周围的人有信任感；如果母亲的关爱不够，甚至没有，孩子就会对人和世界产生恐惧，充满不信任。

由于缺失母性关爱的成因不同，及个人自身条件或所拥有的资源不同，面对母爱缺失的感受及造成的影响也会有所不同。通常母爱缺失的孩子性格上或多或少会有以下一些特点。

1. 缺乏安全感，非常敏感

母爱缺失造成安全感缺乏的孩子，往往性格偏执又脆弱。因为害怕失去，所以控制欲会比较强，遇到任何事情，都要自己去处理才安心。他们通常也比较敏感，比如，经常对别人说的话产生极大的情绪反应，甚至总会认为别人在说他自己。尤其在恋爱关系中，他们更加希望能够观察到爱人的一举一动，甚至都在自己的掌控中，才能让自己安心。

2. 自卑，易伤感，缺乏自信

母爱缺失的孩子如果被忽视会让他感到伤感，不论那种忽视是真实发生的还是想象出来的。他们经常会有情绪管理上的问题，倾向于过度思考，缺乏自信。他们通常在成长过程中会产生自卑和自我保护心态；交际能力下降，做事小心程度过高，谨慎胆小；情感脆弱，容易受到伤害；情绪落差大，脾气不好，等等。

（二）父性教育缺失的不良影响

目前社会中很多孩子刚性不够、骨气不足、意志薄弱、没有主心骨；男孩有“女性化”倾向，缺少勇气和担当；女孩缺少独立性和勇敢精神，这些都和父性教育的缺失不无关系。常见表现如下。

1. 孩子成年后对婚恋对象的选择、判断容易发生偏离

有关青春期孩子心理与行为表现的研究表明，“父爱饥渴”的女孩容易与一个貌似成熟的男孩或男人“坠入情网”，其实她们是在寻找一个“替代父亲”的人；而“父爱饥渴”的男孩，则往往性格孤僻沉闷，内心的失落与不满使他们容易发怒，或沉溺于烟酒，甚至纵欲。

2. 孩子容易养成不良习惯，甚至走向犯罪

“父爱饥渴”的男孩在家庭中没有得到父爱，没有学习过如何做男人，他就会偏向于去尝试各种办法进行补偿，包括性放纵、酗酒、暴力等。这已经成为青少年刑事犯罪、婚前性行为、少女怀孕堕胎，以及儿童心理问题、厌学、抽烟饮酒等一系列社会问题的潜在原因。

我国少年法庭审判的未成年人犯罪案件表明，杀人、强奸、吸毒、抢劫等罪名的少年犯通常来自父爱缺失的家庭。

3. 孩子容易形成不自信等性格缺陷

男孩如果父性教育缺失，没有机会从一个成熟男人那里学会如何做男人，往往很难培养起对周围世界的安全感与自信心，也很难拥有欢笑、豁达、乐观等优良品质。男孩需要学习拥有男人的阳刚、坚强，以及正直、自信、有风度。父性教育缺失还容易造成男孩缺乏男子气概。

三、普遍性父性教育缺失的社会原因

父性教育缺失已经成为现在很多家庭的普遍现象。父亲在外边忙工作，赚钱养家，养育孩子的责任大多落在了母亲身上。父亲的忙碌导致其与孩子相处的时间特别少，而有限的相处很难高效率地陪伴孩子成长，也导致与孩子的关系比较疏远。父亲角色的缺位，严重影响了孩子的健康成长和良好性格的养成。所以，现在社会中许多孩子长大之后出现的各种心理问题，都跟父亲角色的缺位有着很大的关系。

从世界范围的大背景来看，工业革命以后，工业化的洗礼让很多父亲离开家庭，疏离了孩子，造成很多成孩子“父爱饥渴”。这样的男孩在青春期时表现出烦躁不安，厌恶父亲，内心充满了得不到父爱的失落和凄苦。很多孩子不愿意跟父亲说话，用疏远、敌对、蔑视父亲来表达对父亲的不满，并以此作为自己长期得不到父爱的一种补偿。

这样的孩子长大后，往往会不知不觉、潜移默化地承袭了父亲一样的角色，被妻子抱怨、被孩子疏远。尽管他们也会自责，但他们并不明白是什么原因导致的，明明自己很讨厌父亲，但不知不觉自己却成为了和父亲一样的人。

四、父性教育回归家庭教育的途径

（一）多和孩子一起玩耍，参与孩子的成长过程

有研究结果表明，能够经常和爸爸一起愉快地玩耍的孩子，具有较强的社会适应性。

父亲在和孩子一起玩耍、一起乐、一起“疯”的过程中，能够进入孩子的想象空间，跟孩子一起在游戏里陶醉，启发孩子在游戏中探索人生。这不仅能与孩子建立亲密和谐的亲子关系，更有利于发挥孩子活动的积极性和创造性。无论是益智类游戏，还是动手类游戏，或是外出旅行类活动，都能让孩子在实践中培养思维、语言、操作、交往等能力。

同时，玩耍能让父亲孩子般的天性得以释放，展现出自己开朗、大气的一面，更能让孩子感受到男人豁达、包容、幽默的一面，感受并传承榜样的力量。

（二）不断地修炼和提升自己，言传身教，给孩子做榜样

父亲除了要关注孩子的成长，表扬孩子的进步，或适时地给孩子提出建议外，更要关注自身言传身教的力量。

如果家长期待自己的孩子能够拥有独立、自信、果断、富于进取、勇于探索、合作、热情、开朗、大方等性格，父亲最好能够在与孩子日常交往的过程中，让孩子感受到父亲身上拥有这样的优良品质。如果父亲自己没有的品格，却总是口头上希望、期待，甚至威逼孩子拥有该种品格，那孩子多半也是不会信服的。

所以，作为父亲，要不断地修炼和提升自己，终身学习，关注生活、关注社会，不断地丰富和完善自己。父亲自身文化素养的提高，会直接影响孩子的学习态度和行为准则。

（三）进行角色转换，放下架子，与孩子平等相处

青春期的孩子处在由儿童走向成人的过渡期，特别渴望获得独立和尊重。这时期的父亲，一定要把“高高在上的父亲”变成平等的

“朋友”，与孩子建立亲密、平等、建设性的亲子关系，接纳、信任孩子，包括孩子的优点和缺点、幼稚和成熟。

这一时期要注意，跟孩子交流时不要采取命令式的口吻，命令孩子应该怎样、不应该怎样。最好多站在孩子的角度，替孩子着想，用亲和的语气，在孩子需要帮助和引领的时候，设身处地站在孩子角度帮孩子理顺思路、提供解决方案，供孩子选择和做决定。

青春期孩子的父亲不要做孩子人生路口的指挥棒，而要做孩子成长路途中的“导航仪”，引导孩子积极应对和妥善处理各种人生困惑。只有这样，孩子才能从父亲身上获得尊重、认可和力量，这将是孩子一生面对世界、闯荡世界、征服世界的勇气和底气。

总之，我们应该有一种共识：孩子的健康成长，需要父母给予阴阳磁场的共同滋养。孩子需要父亲和母亲双方的关爱与抚养，才可能成长得更健康，才能发展得更充分和全面。一方面，父性教育在家庭教育中有着独特的地位，是母性教育不能取代的；另一方面，作为父亲，任何事情的成功都不能冲抵孩子教育的失败。

所以，期待广大父亲在关注自身事业的同时，一定不要忘记自己对子女的教育责任，一定要投入时间和精力，确保自己的下一代能够健康茁壮地成长，成为传承家庭、有益社会的人才。

恋父恋母情结及其危害

一、恋父恋母

恋父恋母是孩子成长过程中，从认识异性、理解异性到学会与异性相处过程中非常重要的一个情感成长阶段。孩子在 3 ～ 6 岁，会在感情上更加依恋父母中的一方，儿子更依恋母亲，女儿更依恋父亲，这是多数孩子在这一阶段出现的一种心理现象。

恋父恋母是儿童早期情感、情欲发展的重要经历，具有一定的积极意义。

（一）儿童在恋父恋母的情感中寻求异性情感和性欲望的双重满足

这种满足使儿童将精神和身体与爱恋对象结合，这是个体在发展自己身心合一地爱恋一个人的心理和行为的基础。

（二）女孩的恋父和男孩的恋母是孩子性别意识和性别角色发展的基础

女孩从了解父亲而了解男人，通过学习妈妈的行为，在爸爸这个男人面前塑造自己的“女人味”。男孩从了解母亲而了解女人，通过学习爸爸的行为，在妈妈这个女人面前塑造自己的“男人味”。在这样的过程中，男孩和女孩学习认识和发展自己的性别角色。

二、恋父恋母情结

孩子成长过程中，如果恋父恋母的情感发展受阻，没能顺利过渡或发展到下一阶段，导致异性情感认知的停滞，就会变成恋父恋母情结。最常见的表现为，孩子六七岁以后，依然将异性父母作为自己获取情欲满足对象、排斥同性家长等现象。

（一）恋父恋母情结的危害

无数事实证明，凡是不能摆脱恋母或恋父情结的男孩或女孩，性心理都不易成熟，孤僻不合群，不善于与同龄人交往，对异性苛责或抱有不切实际的幻想。因为他们总是以自己的母亲或父亲为标准去选择异性，并容易产生情感依赖。

心理学家认为，男孩的恋母心理必须适时淡化，甚至割断。如果任其发展，对男孩的性心理发育非常有害，会导致孩子性心理的错位，他们长大以后可能仍然深恋着母亲，而不容易把感情移到别的女性身上，成为"妈宝男"，妨碍他的情感成长和未来的恋爱、择偶，甚至不能顺利组建自己的家庭；严重者还会导致性心理发育障碍或其他方面的障碍，影响日后的正常生活。

有这样一个咨询案例：曹可的妈妈是一个非常能干的女人，她将家里料理得井井有条。但曹可的爸爸妈妈关系一直不好。这位能干的妈妈便将自己的全部感情寄托在儿子身上，对儿子关怀备至、呵护有加。曹可直到15岁仍和妈妈睡一张床，曹可的爸爸则住在原本给儿子准备的房间。看电视时，曹可躺在妈妈的怀里，爸爸看不惯，说了句："这么大的男孩像什么样子？"曹可就以不满的眼神盯着爸爸，突然冒出一句："我知道你吃醋了，我就是不让你和妈妈在一起！"妈妈听了不但没有异议，反而将儿子搂得更紧。但是，妈妈渐渐有些不安了。曹可睡觉时，手不离妈妈的乳房，他还常常抱着妈妈的脸吻了又吻，一副十分惬意的样子。妈妈觉得不对劲儿，要儿子回自己房间睡觉。曹可又哭又闹，一会儿说害怕，一会儿说不会盖被子。

曹可表现出的恋母情结是十分明显的，而这一切与他妈妈的养育方式密切相关。首先，曹可的妈妈与爸爸关系不好，就把所有的感情寄托在儿子身上；其次，在儿子渐渐长大，甚至到达青春期时，她还与儿子保持身体的密切接触。可以说是妈妈的“恋子情结”导致了儿子的“恋母情结”。这种现象可称为“母子互恋情结”，是需要特别注意的一种异常亲子关系。

总之，恋父恋母情结是成年人恋爱婚姻的天敌，有此类心理疾患的人切不可听之任之，必须尽早摆脱父母的保护和对父母的情感依赖，尽早完成人格上自立自强和成熟，才能更好地经营自己的幸福婚姻和家庭。

（二）恋父恋母情结形成的主要原因

1. 哺乳的时间过长

这使乳房成为孩子的情欲依恋，及时断奶有利于孩子脱离对乳房的依恋。

2. 男孩长期与母亲同床共枕

上面案例中说到爸爸被赶到小房间睡觉，使男孩潜意识中认为自己在与爸爸争夺妈妈的战争中获胜。因此，家长要适时与孩子分房间睡，让孩子尽早认识到自己与父母在家庭中的位置关系。

3. 孩子长期触摸爸爸或者妈妈的身体获得性满足

这使孩子一直将爸爸或者妈妈作为满足自己情欲的对象。父母要阻止孩子随意摸弄父母的性感部位，抑制孩子对父母的情欲，当发现孩子与父母身体接触获得了性唤起时，要减少亲密接触的机会。

4. 父亲在家庭中"缺位"

父亲长期不在家，或者父亲与孩子关系疏远，儿子潜意识中将自己作为母亲的"男人"。父亲的缺失让孩子在与父亲争抢妈妈的过程中没有阻碍，母亲与孩子保持亲密的关系，对孩子在自己身体上的性欲活动并未用行动阻止，只是给孩子讲道理，没有拒绝的行动，这对男孩脱离恋母情结是极其不利的。

5. 家庭中缺乏人际界限

如果父母没有将孩子当作一个具有独立人格的男性或女性来看待，当青春期的孩子利用父母身体满足自己的情欲时，就容易陷入恋父或恋母情结的旋涡。所以，父母要与孩子明确边界，保持适当的亲密距离。

6. 性伦理教育缺失

对于6岁后的孩子，要进行性伦理教育。家长必须重视这个问题。不要溺爱孩子，导致孩子心理年龄滞后。

（三）帮助孩子摆脱恋父恋母情结

人类与动物不同，人类的两性之爱有道德和法律约束，亲子之间如果有性爱关系是不道德的，也是法律所禁止的。母子或父女之间无论怎样亲密，那只能是两代人的亲情，与异性间的情爱是截然不同的。

孩子脱离恋父恋母是一个痛苦而漫长的成长过程，需要得到父母的帮助和支持。家长有义务正确地引领和帮助孩子走向成熟。

为人父母，必须清醒地认识到恋父恋母情结的危害性，采取坚决的措施，及早预防，纠正孩子的心理、行为偏差。父母要在孩子成长的过程中，将人类社会的性伦理潜移默化地传递给孩子，不能仅仅限于说教、讲一通大道理和知识，而是要在日常生活的细节中，言传身教、言行一致对孩子进行教育和影响。

比如，从给孩子断乳开始，到拒绝孩子摸妈妈乳房、拒绝孩子随意摸异性父母身体、与孩子分床和分房间睡、拒绝孩子的“求婚”等，都是帮助孩子走向成熟和独立的重要举措。

以纠正男孩的“恋母情结”为例。

1. 从妈妈做起，自觉地与儿子保持一定的距离

母亲应该有自己的生活，不要将全部精力放在儿子身上。要明白，儿子不可能永远生活在母亲的护翼下，他必须有独立的空间，准备承担起家庭和社会的责任。

2. 要让儿子了解必要的生理界限和性知识

让孩子认识“男女有别”，了解必要的性知识，同时给儿子留一个独立成长的空间。

3. 要让儿子多与父亲接近，注意性别角色的示范

父亲要有意识地教导儿子，明确什么是男子汉的责任、角色和风范。

4. 要关注孩子的人际交往

青春期是孩子逐渐从家庭小天地里走出来，进行同龄朋友包括异性朋友交往的重要阶段。要鼓励孩子多结交异性朋友，使孩子的性欲望或性压力在自然交往中得到安全合理的宣泄，以利于其人格和心理的健康发展。

与青春期孩子的相处之道

一、青春期孩子对父母的渴求和期待

很多家长，面对进入青春“叛逆”期的孩子，往往抑制不住愤怒的情绪，感觉自己的权威受到挑战。“青春期撞上更年期”的较量与斗争司空见惯，打骂，用权威控制、压服孩子的事经常发生，导致亲子关系紧张得如同火星撞了地球。

其实，在亲子关系中，父母应该比孩子心理更成熟，能够用自己的人生智慧引导这一时期的孩子走出迷茫、矛盾、冲动的青春混沌期。但我们很多家长并没有比孩子更成熟。

网上有一个流传比较广的视频《青春期：成长的烦恼》，主持人随机采访了很多中学生，让他们说自己最想告诉父母却又不敢说的话，表达的就是青春期孩子对父母的心声和需求，值得父母们好好体会和反思。

1. 如果你们能放下架子，成为我朋友的话，我们就可以更好地沟通。

2. 请你们多一些建议，少一些命令和指挥。

3. 请不要第 101 次地告诉我，某件事应该怎么做。

4. 我需要你们的帮助，同时也需要独立的思考。

5. 我会充分尊重你们的意见，但不要强迫我按照你们的要求和模式生活。

6. 包容我的错误吧，让我在穿越错误的过程中快速地成长。

7. 请关注我的尊严和信心，那真的很重要。

8. 别为我找那么多榜样和英雄，我自己可以确定前进的目标。

9. 你们就是我的榜样啊，所以你们的表现真的很重要。

10. 给我一些机会，让我学习怎样关心你们，爱你们。

11. 不要偷看我的日记或者抽屉好吗，其实里面没有什么让你们紧张的。

12. 请允许我按自己的想法选择朋友，不要把简单的事情复杂化。

13. 你们之间的关系不和谐，对我心情的影响，比你们估计的要严重。

14. 请给我一些时间发呆，也许我正在思考呢。

15. 如果我是梅花，千万别让我在夏天开花。

16. 给我一些机会，自己思考，自己选择，我需要亲自成长。

这些都是青春期孩子们的心声，很有针对性，也反映了更多青春期孩子对父母的家庭教育提出的看法与要求，期待家长们能够反思和改进。

二、适时调整和改变与青春期孩子相处方式的必要性

围绕着长大成人的愿望和目的，青春期孩子的所作所为和所要表达的一切，其实都是在向世界宣告和证明：我长大成人啦！我是一个独立自主的成年人啦！从心理成长成熟的角度来说，青春期孩子通常

有两个很重要的潜在心理需求。

（一）亲密关系转换的需求

人和动物最大的区别是人的一生都在追求情感，人对亲密关系的需求是终身的需求。人在刚出生的时候，没有生存能力，需要被爱、被照顾才能存活。所以，婴儿需要与父母等抚养者建立一种情感的联结，感受到跟父母的亲密、被爱是一种非常幸福的感觉；随着我们年龄的增长，到了青春期，我们开始独立自主，开始能够欣赏自己、爱自己；再后来，随着心智的成熟，我们有能力理解别人、爱别人了，然后我们找到自己的亲密爱人，组建自己的小家庭、共同生育养育孩子、爱孩子，帮助孩子成长。这是人类传递情感、传承爱的过程，也是个体追求被爱与爱的过程，这是人生最基本也是最重要的幸福感来源。

所以，当男孩女孩到了青春期的时候，如果前期与原生家庭父母没有建立很好的亲密关系，或者自己觉得与父母的关系不够亲密或欠缺，就会去追求一些替代性的亲密关系的满足。常见的表现主要有过早地谈恋爱、追求名牌奢侈品等物质上的享受、过度追星、恋物癖等，都是为了找寻缺失的爱的替代形式。所以，当我们看到青春期孩子各种不良表现的时候，尽量不要用道德和对错来评价他们，我们要看到问题的本质，多用情感和孩子沟通。

（二）被外界认可的需求

青春期孩子的所有行为表现更多的就是要向全世界宣告和证明自己是可以独立自主的成年人了，所以急需得到更多成年人的认可和回应。我们很多人都没有意识到，在人的潜意识中，无论是男生还是女生，他首先最需要、最希望得到的就是来自自己父亲的肯定。因为在儿童和青少年的潜意识当中，他和母亲是一个人，是一个生命的整体，他是从母亲的身体中生出来的，他和母亲血肉相连，所以妈妈对他来说，你就是我，我就是你。而父亲是孩子眼中的第一个“外人”，既是他的亲人，也代表着外人、代表着外界社会。因此，父亲是否认可他就意味着社会对他是否认可。所以，父亲对孩子的态度，关系到孩子的自尊水平和自信心的建立，这一点非常重要。

很多父母并不了解这一点，孩子越逆反就越压制，越不听话就越控制，结果要么导致孩子形成了反叛性的人格，一辈子反社会、反权威；要么把孩子变成了一个唯唯诺诺、毫无主见、随波逐流、人云亦云、无主见、无担当的“巨婴”，很难成事。

因此，在孩子青春期的时候，父母一定要改变与孩子沟通交流的方式，放低高高在上的姿态，亦师亦友，和孩子平等、友好地相处，让孩子感觉到父亲的认同和鼓励，甚至可以有意地让孩子感觉到自己在某些方面超越了父亲、“战胜”了父亲，这些都有利于帮助孩子获得精神上的自我认同感，真正拥有开拓的精神、闯世界的勇气，才会有真正的进取心和敬畏心。

总之，这些深层次、潜意识的内在心理需求如果能够得到满足，孩子就会顺利地度过青春期，长大成人；如果没有得到满足，孩子就会以特有的“叛逆”来告诉全世界，“我”的这个需求没有被满足，这是青春期孩子出现各种问题的根源。家长和教师要能读懂青春期孩子的内心渴望，调整与孩子相处的模式、沟通的方式，适时地引导和促进青春期孩子身心健康成长。

三、与青春期孩子沟通顺畅的方法

（一）顺应孩子成长需求，营造健康和谐的家庭生活氛围

青春期孩子的个体差异很大，但家长只要把握住这个时期孩子最突出的心理状态——既冲动又脆弱，既渴望独立、摆脱父母控制，又渴望得到父母的认可和肯定，对挫折的心理承受能力还比较弱等，营造民主、平等、相互尊重的家庭生活氛围，采用适当的教育方法，对完善青少年的人格健全，有着至关重要的意义。

有学者把有利于孩子身心健康成长的家庭生活氛围归纳为以下几

个特征。

1. 父母和子女的关系要根据孩子的身心成长成熟状况适时调整

青春期孩子的家长要尊重孩子，最好能做孩子的知心朋友。能够分享孩子的喜悦和苦恼，在孩子迷茫的时候适时给以指导。

2. 父母要与时俱进，适应社会发展

两代人的年龄差异、代沟是不可避免的，但父母如果能够跟上时代的步伐，在生活态度方面尽量缩短这种距离，将非常有利于父母和孩子情感的平等交流，有利于孩子的人格完善和成熟。

3. 父母成为孩子的榜样、楷模

孩子在家庭中都会无意识地受到父母人生态度和行为的影响。而且，他们会依照父母的夫妻生活的实际情况，描绘自己将来的结婚生活和家庭生活蓝图，并形成异性观和婚姻观。夫妻关系和谐幸福的父母，是孩子能够找到理想伴侣、构建幸福家庭的重要基础。

4. 家庭关系和谐稳固

家是安全的港湾，生活在关系和谐稳定的家庭中，孩子的安全感会比较强。加之父母教育孩子的观点一致，共同引导，家长明朗、乐观、坦诚的态度和健康的心理会感染孩子，有利于孩子自信心的

建立。

（二）服务孩子成长目标，选取易于为孩子理解和接受的沟通方式

家长和青春期孩子交流时要控制好自己的情绪，以服务于孩子的成长成才为目标，运用各种有效方法，引领孩子化解各种青春危机，顺利度过青春期。以下方法都是很多家长的成功经验，可供参考。

1. 书面交流法

书面交流，比如，采用写纸条、留言等，可以帮助家长理智地斟酌语句，防止面谈时的冲动、鲁莽、急躁，掌握好教育的分寸。书面交流还会给孩子留下反复体味的人生哲理，供孩子思考、回味。同时，书面方式交流常常成为面谈的补充、修正，也可以增加当面羞于启齿的内容。

比如，一位父亲发现儿子手淫，又急又气，情急之下没有控制好自己的情绪，当面斥责了孩子。事后，父亲反思觉得话说过头了，给孩子造成了巨大的精神压力，担心可能在孩子心中留下驱散不了的阴影。于是，他诚恳地写了一封道歉信放在孩子枕头下，检讨了自己态度鲁莽，伤害了孩子的情感，鼓励孩子做一个光明磊落、堂堂正正的男子汉，最后效果很好。

再比如，不少家长运用格言、警句、名人名言，教育孩子珍惜青春，不要过早恋爱分散精力。有位家长抄写了席慕容的《透明的哀伤》给孩子：“幸福的爱情都是一种模样，而不幸的爱情却各有各的成因，最常见的原因有两个：太早，或者，太迟。年轻的你，有足够的理由相信：你将会得到这世间最幸福的一份爱。所以，我也有足够的理由劝告你，要耐心地等待。不要太早地相信任何的甜言蜜语，不管那些话语是出于善意或是恶意，对你都没有丝毫的好处。果实要成熟了以后才会香甜，幸福也是一样。”所以，书面交流的方法有时会产生意想不到的教育效果。

2. 兴趣转移法

青春期孩子精力充沛，喜欢探索尝试新的事物。父母可以定期安排一些全家参与的趣味活动，比如春游、远足、厨艺展示、手工制作等，鼓励孩子学习和参与摄影、绘画、弹琴、集邮、登山、游泳等活动。丰富的家庭活动和课余爱好，可以引导青春期孩子将注意力、兴奋点放在有利于长远发展和提升自身素质的事情上。

3. 防微杜渐法

孩子在成长过程中的各种变化，总会有一个循序渐进、由量变到质变的过程。家长要善于观察孩子的变化，立足预防，及早疏导、教育，把工作做在孩子陷入困境之前。比如，如果发现孩子有旷课行为、深夜不归、与不务正业的校外人员接触、上课神情恍惚、鬼鬼祟祟、过分追求打扮、突然花钱大手大脚、突然不爱讲话、眼神发呆、学习成绩明显下降、饮食起居不正常、常常往外张望等反常变化，家长都要马上引起警觉。但一定不要急躁，首先要从关怀入手，从理解入手，消除孩子的戒备心，取得孩子的主动配合，以达到了解事态的真实情况。适时引导孩子，给孩子提供有效建议，和孩子一起共商对策等，帮助孩子看到自己的认知盲区、提高认知水平。

4. 随机引导法

家长引领孩子成长是随时随地的，要充分发挥家庭教育灵活机动的优势，充分利用生活现成的情景，自然、恰当地进行教育，让孩子身处其境，感受其人其事，家长的观念点拨、方法的传授，生动而亲切，很容易入心入脑。比如一起看电视，家长对任何人或事情，有意或无意的态度和评论，其实对孩子来说都是某种观念的输入。对于青春期的孩子，家长还可以与孩子一起讨论对感兴趣的事件的看法或对事件后续发展的预测，在讨论的过程中，传递正确的道德观念、价值观念、行为准则、审美意识。这显然比反复叮嘱孩子要这样不要那样、耳提面命效果更好。关键在于家长要抓住教育时机，这需要家长具备一定的见识和水平。